Zahlenzauber 3

Mathematikbuch für die Grundschule

Herausgegeben von
Wolfgang Gierlinger

Erarbeitet von
Bettina Betz, Ruth Dolenc,
Hedwig Gasteiger, Petra Ihn-Huber,
Ursula Kobr, Gerti Kraft,
Elisabeth Plankl, Beatrix Pütz und
Markus Wörle

Ausgabe D

Erarbeitet von
Helga Gehrke, Ursula Kobr,
Christine Kullen und
Karl-Wilhelm Schweden

Illustriert von
Mathias Hütter

Oldenbourg

Zum **Zahlenzauber 3** gehören:

Zahlenzauber 3
Mathematikbuch
Bestell-Nr. **11353**

Zahlenzauber 3
Arbeitsheft
Bestell-Nr. **11363**

Zahlenzauber 3
Arbeitsheft mit CD-ROM
Bestell-Nr. **00356**

Tausend Zaubereien
55 Spielkarten für das 3. Schuljahr
Bestell-Nr. **12243**

CD-ROM Zahlenzauber 3
Mathespiele mit Simsala und Bim
Bestell-Nr. **12253**

Beilagen zum Schulbuch 3, 5er-Pack
Bestell-Nr. **11367**

Mathe-Stars 3, Übungsheft
Bestell-Nr. **00152**

Zeichenerklärung

3 — Weitere Übungen findest du im Arbeitsheft auf dieser Seite.

 Partner- oder Gruppenarbeit

 Schreibe die Aufgaben so in dein Heft.

 Super-Aufgaben für Zahlenzauberer

? Hier darfst du dir eigene Aufgaben ausdenken.

☐ Platzhalter für die Lösung, die du nicht ins Buch, sondern in dein Heft schreiben sollst.

 Das Papier ist aus chlorfrei gebleichtem Zellstoff hergestellt, ist säurefrei und recyclingfähig.

© 2005 Oldenbourg Schulbuchverlag GmbH, München, Düsseldorf, Stuttgart
www.oldenbourg-bsv.de

Das Werk und seine Teile sind urheberrechtlich geschützt. Jede Nutzung in anderen als den gesetzlich zugelassenen Fällen bedarf der vorherigen schriftlichen Einwilligung des Verlages. Hinweis zu § 52a UrhG: Weder das Werk noch seine Teile dürfen ohne eine solche Einwilligung eingescannt und in ein Netzwerk eingestellt werden. Dies gilt auch für Intranets von Schulen und sonstigen Bildungseinrichtungen.
Der Verlag übernimmt für die Inhalte, die Sicherheit und die Gebührenfreiheit der in diesem Werk genannten externen Links keine Verantwortung. Der Verlag schließt seine Haftung für Schäden aller Art aus. Ebenso kann der Verlag keine Gewähr für Veränderungen eines Internetlinks übernehmen.

1. Auflage 2005 R06

Druck 11 10 09 08 07
Die letzte Zahl bezeichnet das Jahr des Drucks.
Alle Drucke dieser Auflage sind untereinander unverändert und im Unterricht nebeneinander verwendbar.

Umschlagkonzept: Mendell & Oberer, München
Umschlag: Mathias Hütter, Schwäbisch Gmünd
Lektorat: Udo Roos, Christiane Winter, Monika Sattrasai
Herstellung: Jakob Buxeder, München
Illustration: Mathias Hütter, Schwäbisch Gmünd
Satz und Repro: Tutte Druckerei GmbH, Salzweg bei Passau
Druck und Bindung: Stürtz GmbH, Würzburg

ISBN 978-3-486-**11353**-2
ISBN 978-3-637-**11353**-4 (ab 1.1.2009)

Inhaltsverzeichnis

Wiederholen und üben
Wir ziehen um ins 3. Schuljahr 4
Ferienerinnerungen 6
Unterwegs im ersten und zweiten Hunderter 8
Verschiedene Rechenwege
   und interessante Ergebnisse 10
In einer alten Ritterburg 12
Ritterburg und Schlossgespenst 14
In der Einmaleins-Werkstatt 16
Einmaleins-Training 18
Multiplizieren und dividieren
   gehören zusammen 20
Beim Dividieren bleibt auch mal ein Rest ... 22
Kitamehtam – Zauberladen 24

Die Zahlen bis 1000 kennenlernen
Schätze und zähle – Sind das 1000? 26
1000 – eine überschaubare Zahl 28
Legen, spielen, rechnen
   mit der Stellenwerttafel 30
Knote dir ein Zahlenseil 32
Willkommen in der Tausender-Werkstatt ... 34
Das Tausender-Leporello 36

Geometrie
Spiegelbilder mit und ohne Spiegel 38
Rechte Winkel / Kleine Flächen messen ... 40
Den Umfang bestimmen / Messen mit
   Meterquadraten: ein Projekt 42

Rechenwege ⊕ und ⊖
Geldscheine 44
Kopfrechnen-Training 46
Rechnen mit Zwischenstopp 48
Rechentricks und Zahlenspezialitäten 50

Sachrechnen: Längen
So groß bin ich schon! 52
Optische Täuschungen 54

Knobeln und kombinieren
Klappen, knobeln, kombinieren 56
Rätsel aus der Knobelkiste 58

Geometrie
Körperformen / Würfel und Quader 60
Wie Menschen wohnen 62
Würfelnetze 64

Mit runden und genauen Zahlen rechnen
Ritterspiele 66
Genau und ungefähr 68
Denken, rechnen, knobeln 70

Schriftliche Addition
Schriftlich addieren 72
⊕ Übung macht den Meister 74
Auf dem Volksfest 76

Schriftliche Subtraktion
Schriftlich subtrahieren 78
⊖ Rechnen mit Nullen 80
⊖ Übung macht den Meister / So kann
   man auch schriftlich subtrahieren 82

Sachrechnen mit ⊕ und ⊖
1000 Schritte – ein Kilometer? 84
Radferien an der Donau 86
Nun bin ich fit bei ⊕ und ⊖ 88
Überschlagen und überprüfen 90

Sachrechnen: Geld und Zeit
Rund ums Rad 92
Minute – Sekunde 94
Der Sonnenlauf 96
Schule und Ferien in Europa 98

Projekt: Eine Reise planen
Eine Reise nach Berlin 100
Berlin ist eine Reise wert 102

Multiplizieren und dividieren mit 10 und 100
Zehnerzahlen und Hunderter-
   zahlen multiplizieren und dividieren ... 104
Halbschriftlich multiplizieren und dividieren 106

Sachrechnen: Gewichte, Längen, Geld
Von Gewichten und vom Wiegen 108
Schulranzen-TÜV 110
Simsala und Bim
   erforschen das Dino-Land 112

Spielen, rätseln, rechnen
Zahlenrätsel und Rechenspiele 114

Den Taschenrechner kennenlernen
Mit dem Taschenrechner experimentieren 116

Sachaufgabentraining
Im Zauberkeller 118
Eulalias Sachaufgabenwerkstatt 120

Kleines Mathelexikon 126

① Was ist neu an den Aufgaben im 3. Schuljahr? Was kannst du schon rechnen?
② Blättere im Buch. Findest du weitere Aufgaben, die du schon lösen kannst?

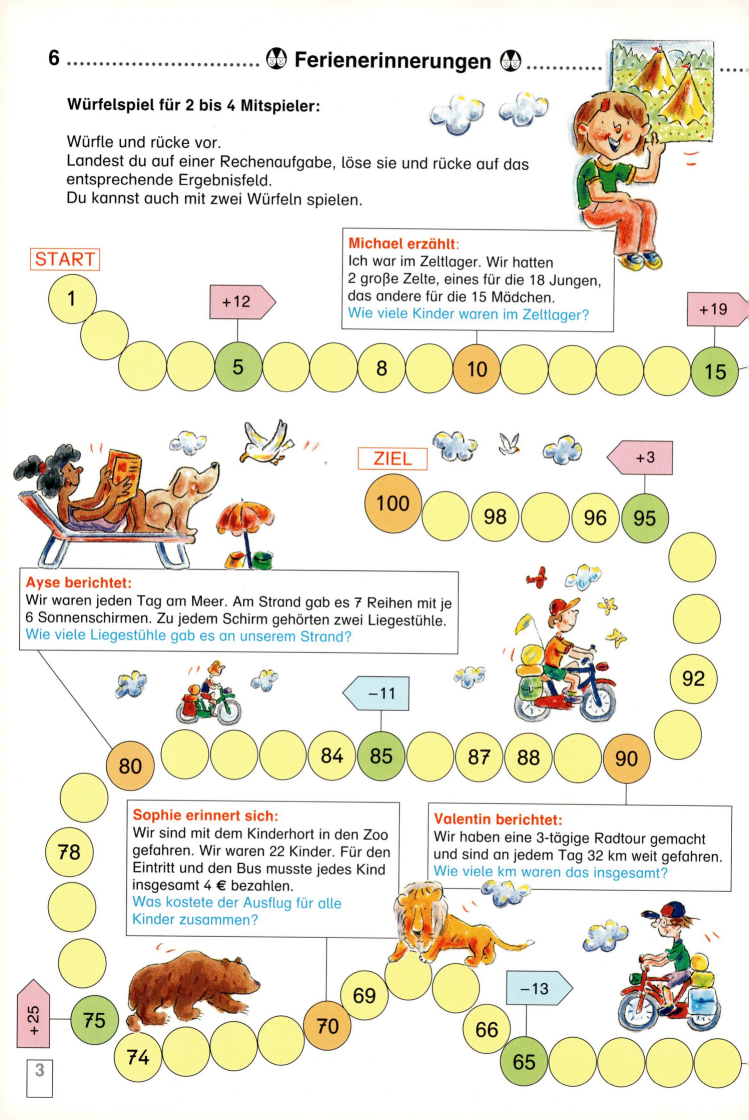

8 Unterwegs im ersten und …

Im Einhunderterfeld

❶ Gehe den gezeichneten Weg in der Hundertertafel nach.

   a) Notiere die Zahlen, auf denen die Pfeilspitzen liegen.

   b) Schreibe die Rechenwege auf.

      1 + 40 = ☐

❷ Gehe den Weg vom Ziel aus rückwärts.

   25 − 3 = ☐

   ☐ + 40 = ☐

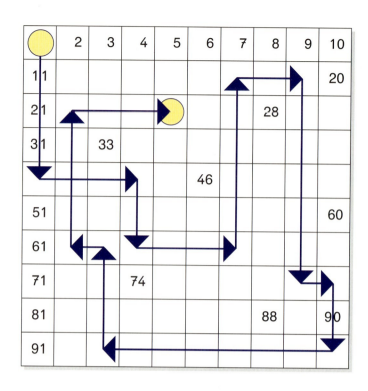

Komm mit ins Zweihunderterfeld.

Im Zweihunderterfeld

❸ Nenne folgende Zahlen:
– alle Zahlen mit 5 Einern
– alle Zehnerzahlen
– alle Zahlen mit 6 Zehnern
– alle Zahlen, die doppelt so viele Einer wie Zehner haben.

❹ Gehe den gezeichneten Weg im Zweihunderterfeld nach.

   a) Notiere alle Zahlen.

   b) Schreibe die Rechenwege auf.

❺ Gehe den Weg vom Ziel aus rückwärts.

   Schreibe so: 125 − 3 = ☐

                     ☐ + 40 = ☐

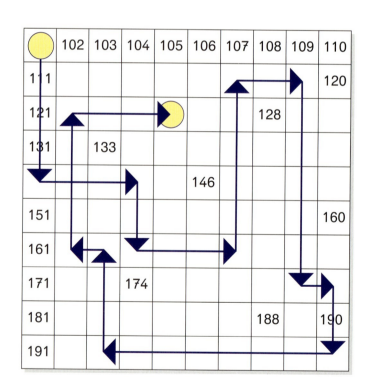

❻ Vergleiche die Wege und Rechnungen im 1. und 2. Hunderter. Was ist gleich? Was ist anders?

❼ Wähle im Zweihunderterfeld eine Zahl aus. Gehe von dort aus einen eigenen Weg. Schreibe den Rechenweg auf.

... zweiten Hunderter 9

❽ Ausschnitte aus dem Zweihunderterfeld

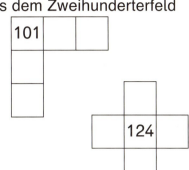

Ich schau mir immer wieder das erste Hunderterfeld an.

❾ Wähle eigene Ausschnitte aus und zeichne sie ins Heft.

❿ a) 6 + 3 = ☐
16 + 3 = ☐
...
106 + 3 = ☐
116 + 3 = ☐
...

b) 4 + 5 = ☐
14 + 5 = ☐
...
104 + 5 = ☐
114 + 5 = ☐
...

c) 8 − 4 = ☐
18 − 4 = ☐
...
108 − 4 = ☐
118 − 4 = ☐
...

d) 12 − 6 = ☐
22 − 6 = ☐
...
112 − 6 = ☐
122 − 6 = ☐
...

⓫ a) 50 + 30 = ☐
150 + 30 = ☐

b) 40 + 20 = ☐
140 + 20 = ☐

c) 70 − 20 = ☐
170 − 20 = ☐

d) 100 − 30 = ☐
200 − 30 = ☐

e) Suche weitere Aufgabenpaare.

⓬ a) 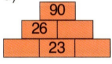 b) 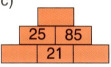 c) d)

0, 3, 4, 11, 41, 49, 64, 64, 69, 90, 100, 110

Zeichne ins Heft und rechne.

⓭ a) 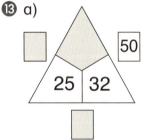 b) 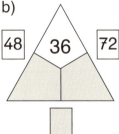 c) 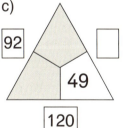 d)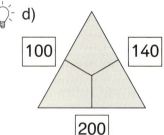

12, 18, 20, 21, 36, 43, 48, 57, 70, 71, 80, 120

Denke dir noch mehr Zahlenmauern und Rechendreiecke aus.

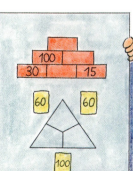

10 Verschiedene Rechenwege ...

Addieren

Corinna rechnet:

```
37 + 10 = 47
47 +  5 =
```

37 + 15 = ☐

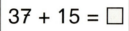

Maria:

```
37 + 20 = 57
57 -  5 =
```

Leon:

```
30 + 10 = 40
 7 +  5 = 12
40 + 12 =
```

Maximilian zeichnet einen Rechenstrich:

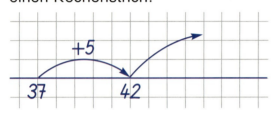

Johannes legt:

... und wie rechnest du?

❶ Rechne auf deinem Weg.

a) 38 + 49 = ☐
   48 + 17 = ☐
   66 + 28 = ☐

b) 45 + 16 = ☐
   27 + 25 = ☐
   53 + 29 = ☐

c) 57 + 36 = ☐
   64 + 28 = ☐
   19 + 24 = ☐

43, 52, 61, 65, 82, 87, 92, 93, 94

❷ Rechne geschickt.

a) 44 + 27 + 16 = ☐
   29 + 54 + 11 = ☐
   35 + 45 + 13 = ☐

b) 22 + 19 + 48 = ☐
   66 + 18 + 14 = ☐
   59 + 15 + 25 = ☐

c) 28 + 37 + 23 = ☐
   46 + 16 + 24 = ☐
   18 + 52 + 15 = ☐

85, 86, 87, 88, 89, 93, 94, 98, 99

❸ Zahlenzauberei

12 + 21 = ☐	23 + 32 = ☐	34 + 43 = ☐	45 + 54 = ☐
13 + 31 = ☐	24 + 42 = ☐	35 + 53 = ☐	
14 + 41 = ☐	25 + 52 = ☐	...	
15 + 51 = ☐	26 + 62 = ☐		
16 + ... = ☐	...		

...

Vergleiche die Ergebnisse.

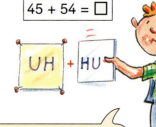

Das sind ja Rechnungen mit UH- und HU-Zahlen.

... und interessante Ergebnisse 11

Subtrahieren

72 − 26 = ☐

Paolo:

72 − 20 = 52
52 − 6 =

Jule:

72 − 30 = 42
42 + 4 =

Michael rechnet:

72 − 6 = 66
66 − 20 =

Stefan zeichnet einen Rechenstrich:

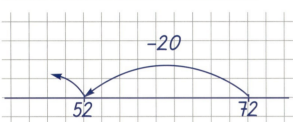

Rechne auf deinem Weg.

Anna zeichnet:

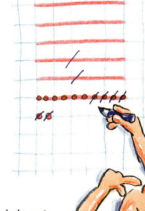

④ Wie rechnest du?

a) 94 − 38 = ☐
56 − 17 = ☐
82 − 45 = ☐
64 − 26 = ☐
63 − 57 = ☐

b) 83 − 68 = ☐
74 − 46 = ☐
48 − 39 = ☐
53 − 17 = ☐
94 − 35 = ☐

6, 9, 15, 28, 36, 37, 38, 39, 56, 59

⑤ Rechne geschickt.

a) 79 −29 −25 = ☐
51 −13 −21 = ☐
46 −20 −16 = ☐
65 −12 −15 = ☐

b) 33 −27 +44 = ☐
47 −19 +32 = ☐
51 −36 +15 = ☐
64 −28 +34 = ☐

10, 17, 25, 30, 38, 50, 60, 70

⑥ Zahlenzauberei

54 − 45 = 9
21 − 12 = 9
76 − 67 = ☐

42 − 24 = 18
64 − 46 = ☐

41 − 14 = 27
73 − 37 = 36

62 − 26 = ☐
85 − 58 = ☐
84 − 48 = ☐
98 − 89 = ☐

95 − 59 = ☐
32 − 23 = ☐
65 − 56 = ☐
53 − 35 = ☐

86 − 68 = ☐
52 − 25 = ☐
☐ − ☐ = ☐

UH − HU

a) Rechne aus und ordne.
Was haben die Aufgaben mit gleichem Ergebnis gemeinsam?
b) Schreibe noch mehr UH − HU -Rechnungen auf. Löse sie.

12 .... In einer alten Ritterburg

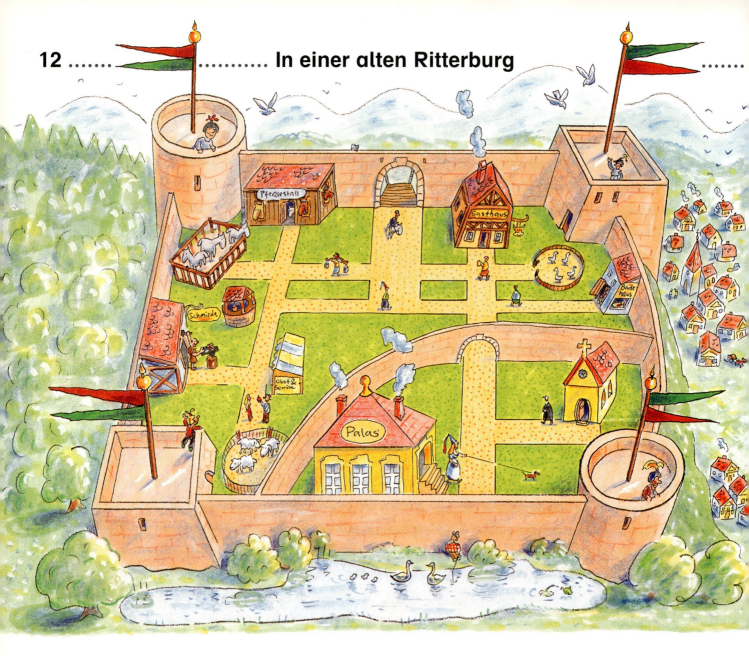

❶ Suche die Türme auf dem Bild. Was sieht Simsala? Was sieht Bim?

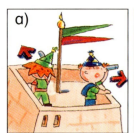 a)
 b)
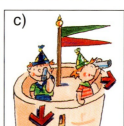 c)
 d)

e) Wohin schaust du mit deinem Fernrohr?

❷ Eulalias Blick auf die Kapelle – wo ist Eulalia jeweils?

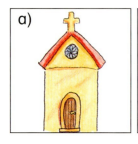 a)
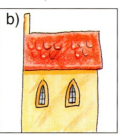 b)
 c)
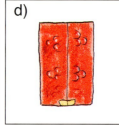 d)

vor | über | links neben | rechts neben

Kannst du auch ein Gebäude aus verschiedenen Ansichten zeichnen?

Plan der alten Ritterburg

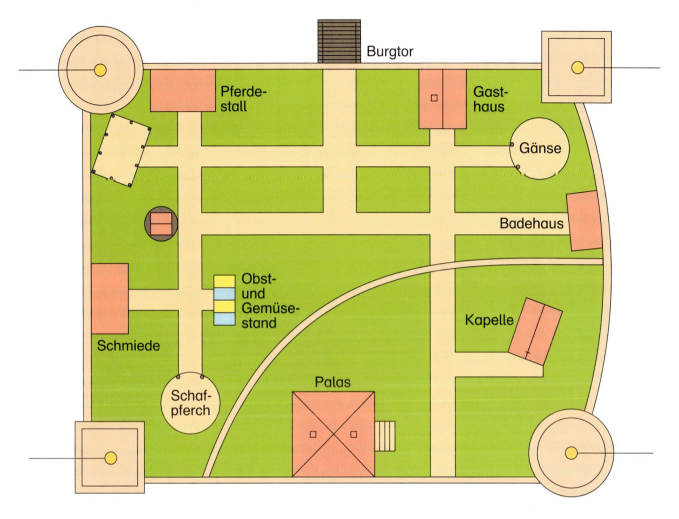

❸ Wo kommst du an?

Start: Burgtor

Du kommst durch das Burgtor. Biege rechts ab. An der nächsten Kreuzung gehst du links, dann immer geradeaus, bis es nicht mehr weitergeht.
Wo kommst du an?

Start: Schmiede

Gehe an der Schmiede los und biege an der Kreuzung links ab. Bei der ersten Möglichkeit biegst du dann rechts ab und gehst geradeaus, bis es nicht mehr weitergeht.
Wo kommst du an?

Spiel für zwei

Stellt eine Spielfigur auf den Burgplan. Ein Spieler beschreibt den Weg, der andere Spieler wandert mit der Spielfigur in der Burganlage.
Abwechseln nicht vergessen!

❹ Wegerätsel – Beschreibe den Weg:

a) Du kommst durch das Burgtor und möchtest zu den Gänsen.
b) Du stehst am Obst- und Gemüsestand und möchtest zum Gasthaus.
c) Du bist bei den Schafen und willst in die Kapelle.
d) Du möchtest vom Palas zum Pferdestall.

Wie kommst du wieder zurück?

❺ Male eine eigene Ritterburg. Zeichne Gebäude und Wege.

Findest du verschiedene Wege?

Ritterburg

- Burgtor mit Fallgitter 16 €
- Ringmauer mit Wehrgang 11 €
- Wehrturm 14 €
- Set mit 4 Pferden 8 €
- Schatzkiste 2 €
- Drache 2 €
- Burgfräulein 2 €

❶ Stelle dir deine Wunschburg mit Zubehör für ca. 100 € (150 €, 200 €) zusammen.

❷ a) Du kaufst für 35 € Zubehör.

b) Dein Freund hat 40 € für 5 Zubehörteile ausgegeben. Was kann er sich gekauft haben? Finde verschiedene Möglichkeiten.

❸ Angebot: 4 Wehrtürme, 3 Ringmauern und 1 Burgtor im Set 15 € günstiger.

Meine Tipps sind in den Koffern ab Seite 120.

... und Schlossgespenst 15

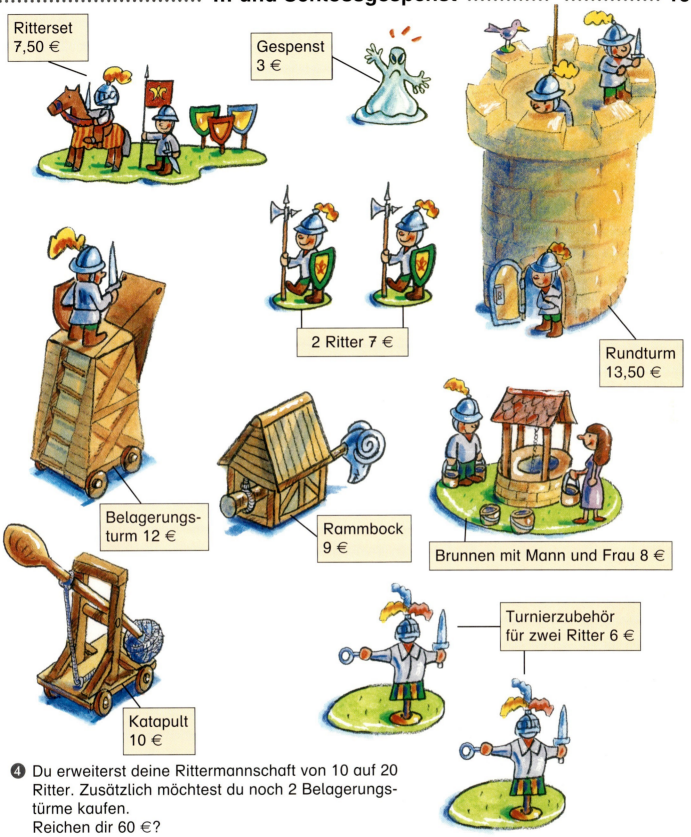

- Ritterset 7,50 €
- Gespenst 3 €
- 2 Ritter 7 €
- Rundturm 13,50 €
- Belagerungsturm 12 €
- Rammbock 9 €
- Brunnen mit Mann und Frau 8 €
- Katapult 10 €
- Turnierzubehör für zwei Ritter 6 €

4 Du erweiterst deine Rittermannschaft von 10 auf 20 Ritter. Zusätzlich möchtest du noch 2 Belagerungstürme kaufen.
Reichen dir 60 €?

5 Du willst an einem Turnier teilnehmen und kaufst für die 10 Ritter noch Pferde und Turnierzubehör. Zusätzlich möchtest du noch 7 Gespenster, 3 Drachen, 1 Burgfräulein und 5 Schatzkisten.
Reichen 100 €?

6 Finde ähnliche Aufgaben und schreibe sie auf Karteikarten.

In der Einmaleins-Werkstatt

•	1	2	3	4	5	6	7	8	9	10
1	1·1	1·2	1·3	1·4	1·5	1·6	1·7	1·8	1·9	1·10
2	2·1	2·2	2·3	2·4	2·5	2·6	2·7	2·8	2·9	2·10
3	3·1	3·2	3·3	3·4	3·5	3·6	3·7	3·8	3·9	3·10
4	4·1	4·2	4·3	4·4	4·5	4·6	4·7	4·8	4·9	4·10
5	5·1	5·2	5·3	5·4	5·5	5·6	5·7	5·8	5·9	5·10
6	6·1	6·2	6·3	6·4	6·5	6·6	6·7	6·8	6·9	6·10
7	7·1	7·2	7·3	7·4	7·5	7·6	7·7	7·8	7·9	7·10
8	8·1	8·2	8·3	8·4	8·5	8·6	8·7	8·8	8·9	8·10
9	9·1	9·2	9·3	9·4	9·5	9·6	9·7	9·8	9·9	9·10
10	10·1	10·2	10·3	10·4	10·5	10·6	10·7	10·8	10·9	10·10

"Das ganze Einmaleins."

"Die Tabelle kenne ich!"

❶ Schreibe die Quadrataufgaben (rot) und die übrigen Kernaufgaben (gelb) auf und rechne.

❷ Tipps für weiße Malaufgaben:

a) Malaufgaben mit 9 schnell gelöst

10 · 7 = ☐   10 · 8 = ☐   10 · 6 = ☐   2 · 10 = ☐   4 · 10 = ☐   3 · 10 = ☐
9 · 7 = ☐   9 · 8 = ☐   9 · 6 = ☐   2 · 9 = ☐   4 · 9 = ☐   3 · 9 = ☐

b) Malaufgaben mit 2 helfen

2 · 4 = ☐   2 · 7 = ☐   2 · 9 = ☐   4 · 2 = ☐   6 · 2 = ☐   8 · 2 = ☐
3 · 4 = ☐   3 · 7 = ☐   3 · 9 = ☐   4 · 3 = ☐   6 · 3 = ☐   8 · 3 = ☐

c) Nachbaraufgaben

| 4 · 7 = ☐ |
| 5 · 7 = ☐ |
| 6 · 7 = ☐ |

| ☐·☐ = ☐ |
| 5 · 8 = ☐ |
| ☐·☐ = ☐ |

6 · 4 = ☐   6 · 5 = ☐   6 · 6 = ☐

| ☐·☐ = ☐ |
| ☐·☐ = ☐   7 · 7 = ☐   ☐·☐ = ☐ |
| ☐·☐ = ☐ |

☐·☐ = ☐   8 · 5 = ☐   ☐·☐ = ☐

d) Verdoppeln und halbieren

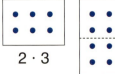
2 · 3

4 · 3

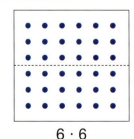
6 · 6

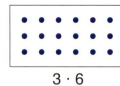
3 · 6

2 · 6 = ☐   4 · 4 = ☐
4 · 6 = ☐   8 · 4 = ☐
8 · 8 = ☐   2 · 7 = ☐
4 · 8 = ☐   4 · 7 = ☐

❸ Löse nun alle weißen Malaufgaben aus der Tabelle.

❹ Kernaufgaben sind wichtige Bausteine. Zeichne und rechne.

a)
7 · 3 = ☐
5 · 3 = ☐ | 2 · 3 = ☐

☐ · ☐ = ☐
5 · 4 = ☐ | 1 · 4 = ☐

☐ · ☐ = ☐
6 · 6 = ☐ | 2 · 6 = ☐

b)
6 · 7 = ☐
5 · 7 = ☐ | ☐ · ☐ = ☐

7 · 4 = ☐
☐ · ☐ = ☐ | ☐ · ☐ = ☐

8 · 7 = ☐
☐ · ☐ = ☐ | ☐ · ☐ = ☐

c) Baue noch mehr Mauern.

6 · 9 = ☐   9 · 4 = ☐   4 · 8 = ☐
4 · 6 = ☐   7 · 5 = ☐   5 · 9 = ☐   ? · ? = ?

❺ Rechne alle Aufgaben.

a) 3er-Reihe
1 · 3 = ☐
2 · 3 = ☐
3 · 3 = ☐
…

b) 6er-Reihe
1 · 6 = ☐
2 · 6 = ☐
3 · 6 = ☐
…

c) 9er-Reihe
1 · 9 = ☐
2 · 9 = ☐
3 · 9 = ☐
…

d) 2er-Reihe
1 · 2 = ☐
2 · 2 = ☐
…

e) 4er-Reihe
1 · 4 = ☐
2 · 4 = ☐
…

f) 8er-Reihe
1 · 8 = ☐
2 · 8 = ☐
…

g) 7er-Reihe
1 · 7 = ☐
2 · 7 = ☐
…

❻ Wiederhole noch einmal alle Malaufgaben aus diesen Reihen: ·2, ·5, ·10.

Lerntipps

– Schreibe alle weißen Malaufgaben aus der Tabelle auf Kärtchen, auf die Rückseite schreibst du jeweils das Ergebnis.
– Gib sie nun mit allen anderen Karten in eine kleine Schachtel. Markiere die obere Ecke der Kernaufgaben-Karten gelb, der Quadrataufgaben-Karten rot.
Schon ist deine **Lernkartei** fertig.

Du kannst auch die 1·1-Kartei aus der 2. Klasse benutzen.

So arbeitest du mit deinen Karten:

– Tägliches 5-Minuten-Training: Nimm einige Kärtchen. Löse die Aufgaben. Kontrolliere die Lösungen auf der Rückseite.
– Kärtchen mit Aufgaben, die du schnell und sicher lösen kannst, darfst du ganz hinten in deiner Kartei einordnen.
– Übe die restlichen Aufgaben so lange, bis du sie auswendig beherrschst.

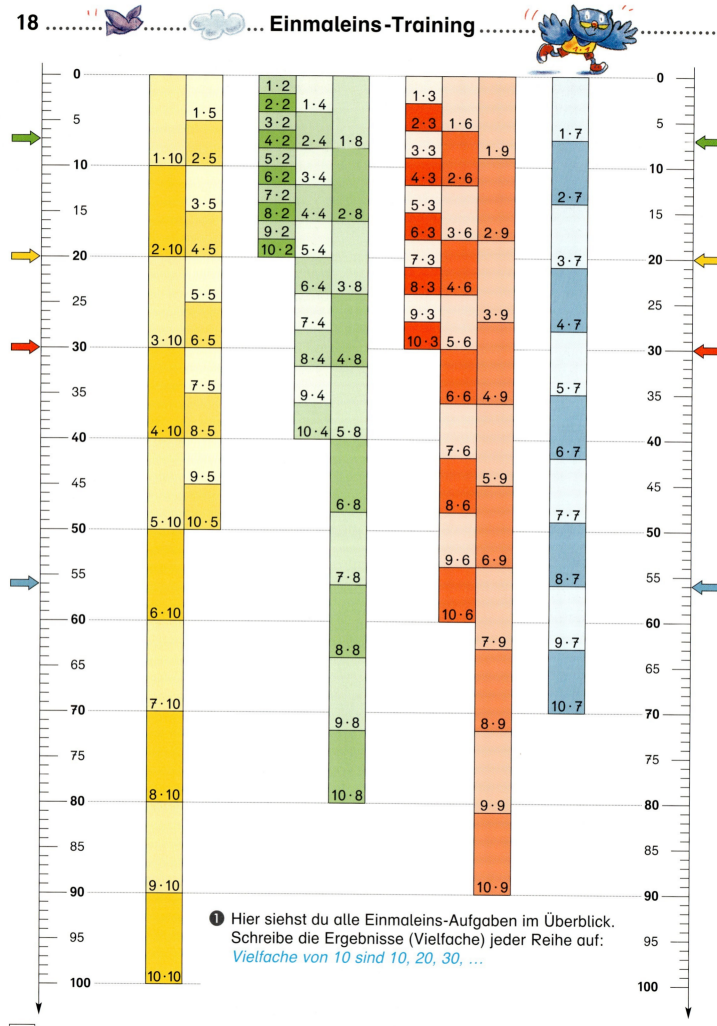

❷ Lege dein Lineal waagerecht an die roten (gelben, grünen, blauen) Pfeile. Welche Ergebniszahl und welche Multiplikationsaufgaben kannst du jeweils ablesen? Schreibe auf.

Das ist doch gut zu sehen …

❸ Lege dein Lineal oben an der Tabelle waagerecht an und schiebe es dann langsam nach unten. Suche und schreibe auf:

a) Ergebniszahlen mit nur einer Multiplikationsaufgabe,
b) Ergebniszahlen mit zwei Multiplikationsaufgaben,
c) Ergebniszahlen mit drei oder vier Multiplikationsaufgaben.
d) Welche Zahlen bis 20 kommen in keiner Einmaleins-Reihe vor?

❹ Welche Einmaleins-Reihen sind nebeneinander angeordnet? Warum?
Welche Einmaleins-Reihe steht allein? Warum?

❺ Bist du schon ein Einmaleins-Profi?
Schreibe die gesuchte Ergebniszahl mit allen Multiplikationsaufgaben auf.

a) 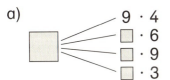   b)    c)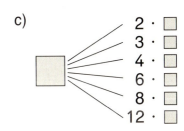

d) Suche alle Einmaleins-Aufgaben zu den Ergebniszahlen:

20   30   40   12   16   48

❻ Richtig oder falsch?
Überprüfe und schreibe richtig auf.

Ich habe die 4 Fehler schon entdeckt.

a) $6 \cdot 9 = 54$
$8 \cdot 7 = 55$
$7 \cdot 6 = 43$
$7 \cdot 7 = 49$

b) $3 \cdot 9 = 29$
$4 \cdot 7 = 28$
$8 \cdot 3 = 24$
$5 \cdot 5 = 25$

c) $9 \cdot 7 = 65$
$8 \cdot 8 = 64$
$7 \cdot 10 = 70$
$9 \cdot 8 = 72$

❼ ?

a) $8 \cdot 4 \bigcirc 30$
$8 \cdot 4 \bigcirc 35$
$8 \cdot 4 \bigcirc 32$

b) $6 \cdot 7 \bigcirc 45$
$6 \cdot 7 \bigcirc 40$
$6 \cdot 7 \bigcirc 42$

c) $9 \cdot 8 \bigcirc 72$
$9 \cdot 8 \bigcirc 70$
$9 \cdot 8 \bigcirc 76$

❽ Rechnet um die Wette. Einer rechnet mit dem Taschenrechner, der andere im Kopf.

$8 \cdot 6$ $10 \cdot 4$
$4 \cdot 8$ $2 \cdot 9$
$9 \cdot 7$ $6 \cdot 6$
$3 \cdot 5$ $7 \cdot 3$
$6 \cdot 9$ $5 \cdot 8$

a) Wer ist schneller, der 🖩 oder du?

b) Wechselt die Position.

c) Stellt euch selbst oder anderen weitere Multiplikationsaufgaben.

20 Multiplizieren und dividieren

❶ Wie viele Quartette hat Claras Spiel?

Clara hat ihr Quartettspiel geordnet: 32 Karten = ☐ · 4 Karten
32 = ☐ · 4

❷ Clara verteilt ihre Karten.
Wie viele Karten bekommt jedes Kind?

32 Karten : 4 = ☐ Karten
32 : 4 = ☐

❸ Ein Feld – vier Aufgaben

a)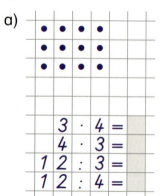

3 · 4 =
4 · 3 =
12 : 3 =
12 : 4 =

b)

5 · 6 = ☐
...
...
...

c)

2 · ☐ = ☐
...
...
...

d)

e) • •
   • •
   • •

f) Male selbst Felder und rechne.

❹ Drei Zahlen – vier Aufgaben

a) 8, 3, 24

8 · 3 = ☐
3 · 8 = ☐
24 : 3 = ☐
24 : 8 = ☐

b) 18, 2, 9

c) 9, 5, ?

d) 7, 42, ?

e) 54, 9, ?

f) 10, 2, ?

g) 8, 7, ?

h) 4, 28, ?

i) 9, 3, ?

j) ?

... gehören zusammen ... 21

5 a) 18 : 3 = □   b) 27 : 9 = □   c) 48 : 6 = □
   □ · 3 = 18   □ · 9 = □   ...

d) 25 : 5 = □   e) 56 : 8 = □   f) 35 : 7 = □
   ...   .

Die Umkehraufgabe hilft.

6 Denke an die Umkehraufgabe.

a)
30 : 5 = □   36 : 4 = □
45 : 5 = □   28 : 4 = □
20 : 5 = □   12 : 4 = □
15 : 5 = □   8 : 4 = □

2, 3, 3, 4, 6, 7, 9, 9

b)
63 : 7 = □   72 : 9 = □
49 : 7 = □   27 : 9 = □
21 : 7 = □   81 : 9 = □
56 : 7 = □   36 : 9 = □

3, 3, 4, 7, 8, 8, 9, 9

c)
42 : 6 = □   21 : 3 = □
24 : 6 = □   15 : 3 = □
54 : 6 = □   24 : 3 = □
36 : 6 = □   30 : 3 = □

4, 5, 6, 7, 7, 8, 9, 10

7 Jeder Sack enthält 4 Aufgaben. Schreibe die Rechnungen auf.
Eine Zahl passt nicht.

a) 9, 3, 7, 27
b) 8, 48, 6, 24
c) 4, 16, 8, 32
d) 6, 5, 35, 30
e) 7, 8, 56, 63
f) Fülle selber solche Säcke.

1, 2, 3, vier Aufgaben werden frei!

8 Hüpf im Päckchen:

a) 36 : 9 = 4
   10 · 3 = □
   4 · 6 = 24
   40 : 4 = □
   6 · 6 = □
   8 · 5 = □
   30 : 5 = □
   24 : 3 = □

b) 8 : 2 = □
   18 : 2 = □
    4 · 5 = □
    9 · 8 = □
    2 · 3 = □
   20 : 10 = □
   72 : 9 = □
    6 · 3 = □

c) 3 · 4 = □
   40 : 8 = □
    5 · 3 = □
    2 · 8 = □
   15 : 5 = □
   12 : 6 = □
    4 · 10 = □
   16 : 4 = □

d) Denke dir auch solche Päckchen aus.

So kannst du üben

200 − 7 = □
190 − 7 = □
180 − 7 = □
...

106 − 6 = □
96 − 6 = □
86 − 6 = □
...

200 − 4 = □
190 − 4 = □
180 − 4 = □
...

9 + 2 = □
89 + 2 = □
99 + 2 = □
...

7 + 3 = □
87 + 3 = □
97 + 3 = □
...

101 + 9 = □
102 + 9 = □
103 + 9 = □
...

28 | 7 | 59

22 .... Beim Dividieren bleibt auch mal ein Rest ....

❶ 12 Schokoküsse : 5 = ☐ Schokoküsse für jedes Kind, Rest ☐ Schokoküsse
   12 : 5 = ☐ R ☐

❷ a) Durch welche Zahlen kann man 12 ohne Rest dividieren?

Rechnet: 12 : 1 = ☐
12 : 2 = ☐
12 : 3 = ☐
12 : 4 = ☐
12 : 5 = ☐ R ☐
...

Fasst zusammen.

Teiler von 12 sind 1, 2, 3, ...

Überprüft an der Tabelle.
Was bedeuten die Kreuze,
was die leeren Felder?

	:1	:2	:3	:4	:5	:6	:7	:8	:9	:10	...
12	x	x	x	x		x					
13	x										
14	x	x					x				
15	x		x		x						
16	x	x		x				x			
17	x										
18	x	x	x			x			x		
...											
...											

b) Rechnet und überprüft:

15 : 1   16 : 1   18 : 1   20 : 1
15 : 2   16 : 2   18 : 2   20 : 2
15 : 3   16 : 3   18 : 3   20 : 3
 ...   .

> Teilbar durch 2 heißt:
> Die Zahl kann ohne Rest
> durch 2 geteilt werden.

c) Betrachtet die Tabelle genauer:
   – Welche Zahlen sind durch 2 teilbar, welche durch 5, welche durch 2 und 5? Schreibt auf.
   – Welche Zahlen sind durch 10 teilbar? Welche Zahlen sind durch 2, 5 und 10 teilbar?
   – Welche Zahlen kann man nur durch 1 dividieren?
   – Was könnt ihr noch entdecken?
   – Wie geht die Tabelle weiter?

❸ a)
••••••   ••••••   ••••••
••••••   ••••••   ••••••
••••••   ••••••   ••••••
••••••   ••••••   ••••••
         •   ••

24 = □ · 6   25 = □ · 6 + □   26 = □ · 6 + □
24 : 6 = □   25 : 6 = □ R □   26 : 6 = □ R □

Ich schaue lieber nach!

b) 27 : 3   c) 15 : 5   d) 42 : 7   e) 32 : 8
    28 : 3   16 . 5   43 : 7   33 : 8
    29 : 3   17 : 5   44 : 7   34 : 8
    …   …   …   …

Welcher Rest kann jeweils höchstens bleiben?

❹ a) 10 : 9   b) 6 : 5   c) 7 : 4   d) 10 : 7   e) Was fällt dir bei
    20 : 9   12 : 5   14 : 4   25 : 7   den Ergebnissen
    30 : 9   18 : 5   21 : 4   40 : 7   auf? Versuche zu
    …   …   …   …   erklären.

❺ Ordne.

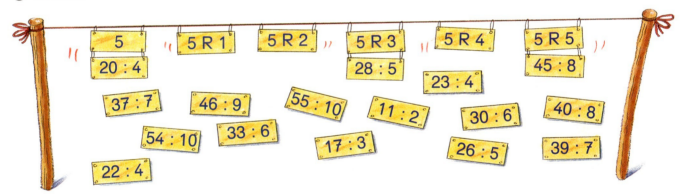

Schreibe so ins Heft:

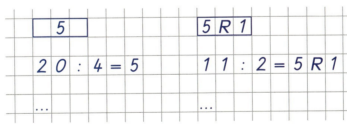

Denke dir noch weitere passende Aufgaben aus.

❻ Was geschieht hier mit dem Rest?

a) Vor dem Aufzug warten 16 Personen.

b) Am Autozug stehen 66 Autos.

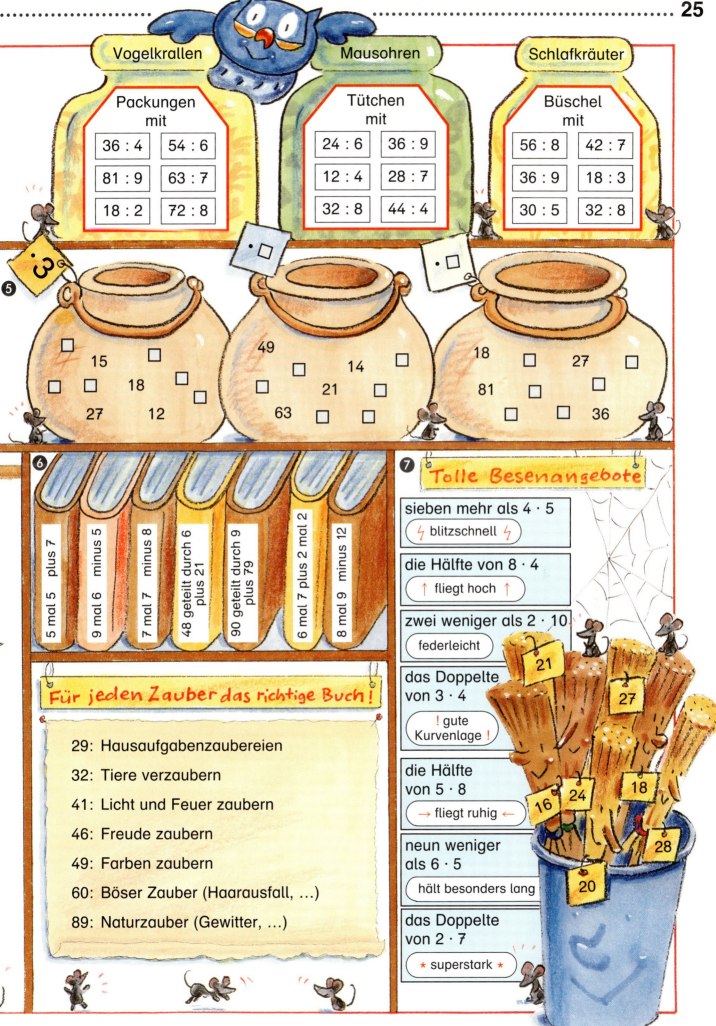

26 Schätze und zähle

Wie viele sind das?

Wie viele könnten es sein? Schätze und zähle.

Sind das 1000? 27

Macht euch eine Kopie und versucht alleine oder in Partnerarbeit herauszufinden, wie viele Cent es sind.

Welche Dinge aus dem Zauberhut können helfen?
Vergleicht eure Lösungen.

1000 – eine überschaubare Zahl

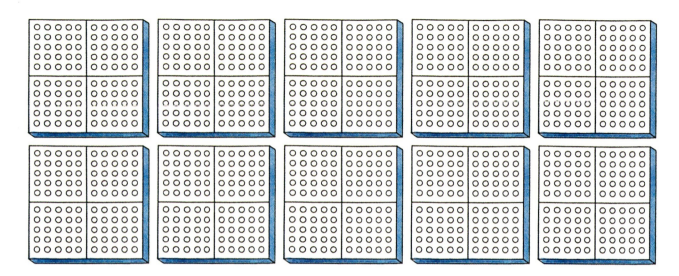

❶ Zeige am Tausenderfeld und rechne.

a) 100 + 100 = ☐
   200 + 200 = ☐
   300 + 300 = ☐
   400 + 400 = ☐
   500 + 500 = ☐

b)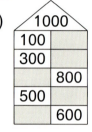

1000	
100	
300	
	800
500	
	600
   …

c)
1000		
500	200	
	100	300
800		100
300	300	
	400	200
   …

 Schwierige Aufgaben?

d) 1000 − 100 = ☐
   1000 − 200 = ☐
   1000 − 300 = ☐
   1000 − 400 = ☐
   1000 − 500 = ☐
   …

e) 1000 − ☐ = 900
   1000 − ☐ = 800
   1000 − ☐ = 700
   1000 − ☐ = 600
   1000 − ☐ = 500
   …

f) 1000 − 200 − 300 = ☐
   ☐ − 100 − 300 = 600
   1000 − ☐ − 100 = 800
   ☐ − 300 − 300 = 300
   800 − 400 − ☐ = 200

Finde noch mehr Aufgaben.

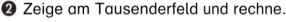 In einem Hunderter sind 2 mal 50 versteckt!

 Na klar, dann sind in 10 Hundertern eben 20 mal 50.

❷ Zeige am Tausenderfeld und rechne.

a) 1000 = ☐ · 500
   1000 = ☐ · 200
   1000 = ☐ · 100
   1000 = ☐ · 250

b) 1000 = ☐ · 50
   1000 = ☐ · 20
   1000 = ☐ · 10
   1000 = ☐ · 25

Finde noch mehr Aufgaben.

❸ a) Überlege und rechne.
   – Lebst du schon 1000 Tage?
   – Wie viele Schachteln brauchst du für 1000 Streichhölzer?
   – Ist euer Klassenzimmer 1000 Zentimeter lang?

b) Forsche nach:
   Gibt es an deiner Schule
   – 1000 Blätter Papier,
   – 1000 Schulbücher,
   – 1000 Kinder?
   – 1000 …?

400 + 30 + 7 = 437

4 Lege und schreibe ebenso:

a)   b)   c)   d)

5 Trage auch diese Zahlen in die Stellenwerttafel ein.

a)   b)   c)   d)   e)   f)   g)   h)   i)

Finde selbst noch Aufgaben. Dein Partner löst sie.

6 Lege und zeichne diese Zahlen: 375, 605, 999, 1050, 1500, 1999, 2003.

7 Lege mit den Zahlenkarten. Lies die großen Zahlen.

4 0 0	vierhundert
3 0	dreißig
7	sieben

4 ... vierhundert-
3 ... siebenunddreißig
7

a) 674   b) 204
283   630
831   1028
755   1003

Das Wort „Tausend" bedeutet „Vielhundert". Oft wird es verwendet, wenn man „viel" meint.
So hat der **Tausend**füßler nur höchstens 680 Beine. Es sind also nur sehr viele.
Ein **Tausend**sassa ist einer, der vieles kann.
„Das habe ich dir schon **tausend**mal gesagt!" bedeutet: „Das habe ich dir schon sehr oft gesagt!"
Wo hast du das Wort „Tausend" schon gehört?

8 Bilde dreistellige Zahlen:
Wie viele findest du?

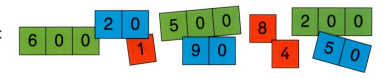

30 Legen, spielen, rechnen …

❶ Spielt auch Zahlen raten.

❷ a) Welche Zahlen könnt ihr in dieser Stellenwerttafel mit einem (2, 3, …) Plättchen darstellen? Schreibt auf und vergleicht eure Zahlen.

b) Wie heißt die größte Zahl, die ihr mit einem Plättchen darstellen könnt, wie die kleinste?

c) Wie heißt die größte Zahl, die ihr mit 4 Plättchen darstellen könnt, wie die kleinste?

T	H	Z	E

❸ Zeichne und schreibe die Zahlen.

H	Z	E	
•	•••••	••	162
•••		•••	☐
•••	•••		☐
…	…		

H	Z	E	
•	•	••	112
			211
			201
			…

5H 4E
9Z 2H
3E 8H 4Z
…

H	Z	E	
•••		•••	504
			☐
			☐
			…

❹ Wie heißt die Zahl? Schreibe sie auf.

a) Meine Zahl hat 7 Hunderter, 5 Zehner und 8 Einer.

b) Meine Zahl hat 6 Zehner und 3 Hunderter.

c) Meine Zahl hat 4 Hunderter, doppelt so viele Zehner und 2 Einer.

d) Meine Zahl hat 8 Einer, halb so viele Zehner und einen Hunderter.

e) Meine Zahl hat 3 Zehner und doppelt so viele Hunderter.

f) ?

... mit der Stellenwerttafel

31

❺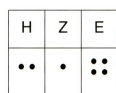
a) Lege nach und schreibe die Zahl auf.
b) Du darfst ein Plättchen dazulegen. Welche Zahlen können entstehen? Schreibe auf.
c) Lege verschiedene Zahlen mit 7 Plättchen und verändere sie wie bei b).

❻ Verschiebe hier jeweils ein Plättchen. Welche Zahlen entstehen? Lege nach und schreibe auf.

a) 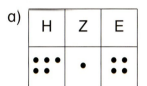 b) 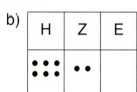 c) 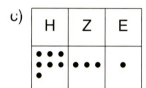 d)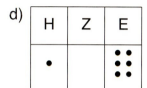

Wenn ich ein Plättchen von den Hundertern zu den Zehnern schiebe, dann …

❼ Die größte Zahl gewinnt:

  Simsala:    Bim: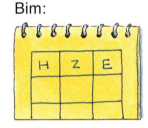

Kann Bim mit seinem Wurf noch gewinnen?
Wie muss er die gewürfelten Zahlen eintragen?

 Spiele mit einem Partner.

❽ Pokern:
Simsala und Bim spielen jetzt mit nur einem Würfel. Sie müssen genau überlegen, wo sie ihre gewürfelte Zahl jeweils eintragen.

Simsala:

H	Z	E
4		

Bim:

H	Z	E
		2

2. Wurf: 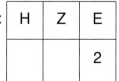   2. Wurf:

Wo würdest du die gewürfelten Zahlen eintragen?

 Spiele mit einem Partner.

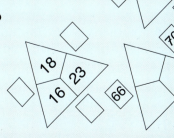

So kannst du üben

32 − 7
42 − 17
52 − 27
…

91 − 36
81 − 36
71 − 36
…

26 + 17
36 + 17
46 + 17
…

84 − 6
84 − 16
84 − 26
…

37 + 8
37 + 18
37 + 28
…

32 Knote dir ein Zahlenseil

1 Wo findest du diese Zahlen? Erkläre.
Zeige die Zahlen auch am Zahlenstrahl.
Kannst du das auch bei d)?

a) 700	b) 150	c) 280	d) 352
400	450	390	423
500	750	340	409

2 Zwischen welchen Hundertern liegen diese Zahlen?
Welcher Hunderter liegt näher?

a) 720	b) 150	c) 723	d) 367
920	650	649	504
450	820	352	909
130	970	523	349
340	490	811	797

Schreibe so ins Heft:

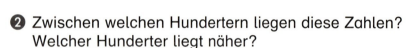

a) $700 \leftarrow 720 \rightarrow 800$

$\leftarrow 920 \rightarrow$

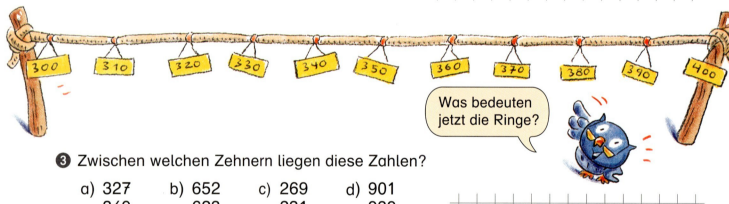

Was bedeuten jetzt die Ringe?

3 Zwischen welchen Zehnern liegen diese Zahlen?

a) 327	b) 652	c) 269	d) 901
349	623	231	939
352	609	289	915
325	649	234	963
387	697	219	977

a) $320 \leftarrow 327 \rightarrow 330$

Wie müssen die Zahlenseile für b), c) und d) aussehen?

4 Wie weit ist es zu den Nachbarzehnern?
Verwende die Zahlen von Aufgabe 3.

$327 - 7 = 320$

$327 + 3 = 330$

5 Wie weit ist es zu den Nachbarhundertern? Verwende die Zahlen
von Aufgabe 3. Schreibe wie in Aufgabe 4.

17
18

6 Zahlenkärtchen ordnen.

Simsala schreibt die
Zahlen so auf.
Sie beginnt mit
der kleinsten Zahl.

216   812
23   860   700
555   299

Bim schreibt die
Zahlen so auf.
Er beginnt mit
der größten Zahl.

2 3 < 2 1 6 <

8 6 0 > 8 1 2 >

Ordne die Zahlen und vergleiche die Reihen mit dem Partner.

a) 124 740
   86 318 813
   421 812

b) 615 651 165
   561 51
   65 655

c) 703 408
   807 307 73
   209 804

d) 236 427
   54 281
   301 957 636

7 Zahlenrätsel

Meine Zahl besteht aus
den Ziffern 4, 7 und 2.
Sie ist kleiner als 400.
Wie könnte meine Zahl
heißen?
Wie viele Möglichkeiten
gibt es?

Meine Zahl ist größer als
600 und kleiner als 700.
Sie hat 3 gleiche Ziffern.
Wie heißt meine Zahl?

Meine Zahl ist die
größte „Schnapszahl",
die kleiner ist als 300.
Wie heißt meine Zahl?

?

Meine Zahl hat 2 gleiche Ziffern
und liegt zwischen 460 und 480.
Wie könnte meine Zahl heißen?
Wie viele Möglichkeiten gibt es?

8 Zahlen-Ratespiel

Simsala fragt:

Ist deine Zahl größer als 500?
Ist deine Zahl größer als 700?
Ist deine Zahl größer als 600?
Ist deine Zahl größer als 650?
Ist deine Zahl größer als 670?
Ist deine Zahl größer als 675?

Bim antwortet:

Ja!
Nein!
Ja!
Ja!
Ja!
Nein!

Wie könnte Bims Zahl heißen?

Du kannst das Spiel auch mit deinem Nachbarn spielen.
Schreibe dir deine Zahl auf einen Geheimzettel. Wer braucht die wenigsten Fragen?

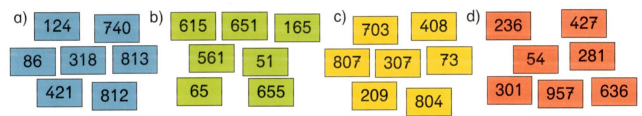

Willkommen in der Tausender-Werkstatt

❶ Zahlen ordnen
Nimm dir 10 Zahlenkarten und sortiere sie nach der Größe. Beginne mit der kleinsten Zahl. Schreibe sie so auf: 328 < 458 < 470

❷ Schnipp-Schnapp
Verteilt die Zahlenkarten gleichmäßig an 2 Kinder. Jeder legt seinen Stapel verdeckt vor sich. Auf Kommando „Schnipp" deckt jeder seine oberste Karte auf. Haben beide Zahlen an einer Stelle die gleiche Ziffer, bekommt der die Karte, der zuerst „Schnapp" ruft.

❸ Dalli-Dalli
Legt 20 Zahlenkarten offen auf den Tisch. Ein Mitspieler beginnt und sagt eine der aufliegenden Zahlen. Wer die Karte zuerst findet, darf sie nehmen und die nächste Zahl ansagen.

Mini-Zahlen
248   629
 621   345
183 302 890

❹ Zahlenstechen
Verteilt die Zahlenkarten gleichmäßig an alle Spieler. Jeder deckt eine Karte auf. Wer die höchste Karte hat, sticht alle anderen und darf sie an sich nehmen.

❺ Fernglas
Lies mit dem Fernglas die Mini-Zahlen auf der Türe. Schreibe sie dir auf. Wenn du alle 7 Zahlen aufgeschrieben hast, kontrolliere dich selbst.

❻ Alles im Eimer
Jeder bekommt 10 Bälle und versucht sie in die 3 Eimer zu werfen. Welche Zahl hast du geworfen?

❼ Taschenrechner
Dein Partner nennt eine Zahl, du tippst sie in den Taschenrechner ein. Wechselt euch ab.

❽ Baukasten
Einer legt mit dem Wortbaukasten eine Zahl, der andere legt die gleiche Zahl mit dem Zahlbaukasten. Wechselt ab.

1	2	3	4	5	6	7	8	9	10
11	12	13	14	15	16	17	18	19	20
21	22	23	24	25	26	27	28	29	30
31	32	33	34	35	36	37	38	39	40
41	42	43	44	45	46	47	48	49	50
51	52	53	54	55	56	57	58	59	60
61	62	63	64	65	66	67	68	69	70
71	72	73	74	75	76	77	78	79	80
81	82	83	84	85	86	87	88	89	90
91	92	93	94	95	96	97	98	99	100

101	102	103	104	105	106	107	108	109	110
111	112	113	114	115	116	117	118	119	120
121	122	123	124	125	126	127	128	129	130
131	132	133	134	135	136	137	138	139	140
141	142	143	144	145	146	147	148	149	150
151	152	153	154	155	156	157	158	159	160
161	162	163	164	165	166	167	168	169	170
171	172	173	174	175	176	177	178	179	180
181	182	183	184	185	186	187	188	189	190
191	192	193	194	195	196	197	198	199	200

201	202	203	204	205	206	207	208	209	210
211	212	213	214	215	216	217	218	219	220
221	222	223	224	225	226	227	228	229	230
231	232	233	234	235	236	237	238	239	240
241	242	243	244	245	246	247	248	249	250
251	252	253	254	255	256	257	258	259	260
261	262	263	264	265	266	267	268	269	270
271	272	273	274	275	276	277	278	279	280
281	282	283	284	285	286	287	288	289	290
291	292	293	294	295	296	297	298	299	300

301	302	303	304	305	306	307	308	309	310
311	312	313	314	315	316	317	318	319	320
321	322	323	324	325	326	327	328	329	330
331	332	333	334	335	336	337	338	339	340
341	342	343	344	345	346	347	348	349	350
351	352	353	354	355	356	357	358	359	360
361	362	363	364	365	366	367	368	369	370
371	372	373	374	375	376	377	378	379	380
381	382	383	384	385	386	387	388	389	390
391	392	393	394	395	396	397	398	399	400

401	402	403	404	405	406	407	408	409	410
411	412	413	414	415	416	417	418	419	420
421	422	423	424	425	426	427	428	429	430
431	432	433	345	434	435	436	437	438	439	440
441	442	443	444	445	446	447	448	449	450
451	452	453	454	455	456	457	458	459	460
461	462	463	464	465	466	467	468	469	470
471	472	473	474	475	476	477	478	479	480
481	482	483	484	485	486	487	488	489	490
491	492	493	494	495	496	497	498	499	500

36 .... Das Tausender-Leporello ....

❶ Schau dir die Zahlen im Tausender-Leporello genau an.

a) Wie viele glatte Hunderterzahlen (100, 200, …) findest du? Wo stehen sie?
b) Wie unterscheidet sich jede glatte Hunderterzahl von allen anderen Zahlen auf der Seite?
c) Welche Zahl kommt jeweils vor und nach der Hunderterzahl? Schreibe so ins Heft: *99 – 100 – 101*.
d) Gibt es im Leporello eine Zahl zweimal?
e) Kennst du eine dreistellige Zahl, die hier nicht vorkommt?

❷ Suche alle Zahlen, die a) 3 Einer haben,
b) 4 Hunderter haben,
c) 7 Zehner haben.

Was fällt dir auf?

❸ Besondere Zahlen! Schreibe sie ins Heft.

a) Wie viele Zahlen mit 3 gleichen Ziffern (111, 222, …) gibt es?
b) Wie viele Zahlen gibt es, bei denen die Ziffern immer um 1 größer werden (12, 23, 34, … und 123, 234, …)?
c) Suche alle „UHU-Zahlen" in einem Hunderterfeld (202, 212, …).
d) Findest du auch „AAL-Zahlen" (112, 113, …) und „ZOO-Zahlen" (122, 133, …)?

❹ Zeige die Zahlen im Leporello. Schreibe die Zahlenfolgen vollständig in dein Heft.

a) 38, 39, 40, …, 45
445, 444, 443, …, 438

b) 60, 70, 80, …, 140
440, 430, 420, …, 360

c) 32, 42, 52, …, 112
612, 602, 592, …, 532

d) 83, 183, 283, …, 783
901, 801, 701, …, 1

e) Finde ähnliche Folgen.

❺ Lege mit diesen Ziffernkärtchen Zahlen und schreibe sie ins Heft. Wo liegen die Zahlen? Was fällt dir auf?

a) Wie viele verschiedene Zahlen findest du? Ich habe schon 4!

Verwende auch diese Kärtchen:

b) 9 4 2   d) 6 2 1

c) 3 8 0   e) 5 7 4

37

6 Nachbarfelder: Welche Zahlen findest du rund um diese Zahlen?

a) 382	b) 55	c) 70	d) 41
482	555	370	641
937	333	420	581
624	666	708	192

Schreibe so ins Heft:

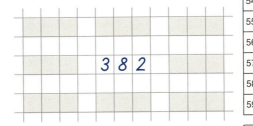

7 Hüpfen im Tausender-Leporello:

Starte bei: 82 45 78 36
            182 445 678 536
            682 345 178 936

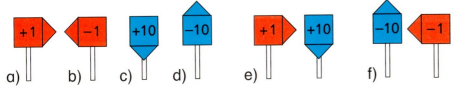

Du kannst das auch so aufschreiben:

a) 82 + 1 = 83
   182 + 1 =

8 Simsala hat aus dem Leporello ein Tausenderbuch geheftet.

a) Nun sticht sie mit einer Nadel bei der Zahl 1 durch alle Seiten. Welche Zahlen trifft sie?
Schreibe auf wie Simsala: 1, 101, ...,

Kannst du dazu auch eine Rechnung aufschreiben?

Schreibe so:

1 + ☐ = 101
101 + ☐ = 201

b) Versuche das auch mit anderen Zahlen:

5, 10, 37, 100, 88, ...

9 Geheimschriften 💡
(□ heißt: +100)

a) 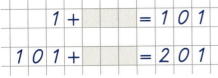   b)

Starte bei den Zahlen: 422 641 432 503 522 341 232 170.

Schreibe auf, wo du landest: 422 → 651.
Findest du auch Rechnungen dazu?
Erfinde selbst Geheimschriften.

501	502	503	504	505	506	507	508	509	510
511	512	513	514	515	516	517	518	519	520
521	522	523	524	525	526	527	528	529	530
531	532	533	534	535	536	537	538	539	540
541	542	543	544	545	546	547	548	549	550
551	552	553	554	555	556	557	558	559	560
561	562	563	564	565	566	567	568	569	570
571	572	573	574	575	576	577	578	579	580
581	582	583	584	585	586	587	588	589	590
591	592	593	594	595	596	597	598	599	600

601	602	603	604	605	606	607	608	609	610
611	612	613	614	615	616	617	618	619	620
621	622	623	624	625	626	627	628	629	630
631	632	633	634	635	636	637	638	639	640
641	642	643	644	645	646	647	648	649	650
651	652	653	654	655	656	657	658	659	660
661	662	663	664	665	666	667	668	669	670
671	672	673	674	675	676	677	678	679	680
681	682	683	684	685	686	687	688	689	690
691	692	693	694	695	696	697	698	699	700

701	702	703	704	705	706	707	708	709	710
711	712	713	714	715	716	717	718	719	720
721	722	723	724	725	726	727	728	729	730
731	732	733	734	735	736	737	738	739	740
741	742	743	744	745	746	747	748	749	750
751	752	753	754	755	756	757	758	759	760
761	762	763	764	765	766	767	768	769	770
771	772	773	774	775	776	777	778	779	780
781	782	783	784	785	786	787	788	789	790
791	792	793	794	795	796	797	798	799	800

801	802	803	804	805	806	807	808	809	810
811	812	813	814	815	816	817	818	819	820
821	822	823	824	825	826	827	828	829	830
831	832	833	834	835	836	837	838	839	840
841	842	843	844	845	846	847	848	849	850
851	852	853	854	855	856	857	858	859	860
861	862	863	864	865	866	867	868	869	870
871	872	873	874	875	876	877	878	879	880
881	882	883	884	885	886	887	888	889	890
891	892	893	894	895	896	897	898	899	900

901	902	903	904	905	906	907	908	909	910
911	912	913	914	915	916	917	918	919	920
921	922	923	924	925	926	927	928	929	930
931	932	933	934	935	936	937	938	939	940
941	942	943	944	945	946	947	948	949	950
951	952	953	954	955	956	957	958	959	960
961	962	963	964	965	966	967	968	969	970
971	972	973	974	975	976	977	978	979	980
981	982	983	984	985	986	987	988	989	990
991	992	993	994	995	996	997	998	999	1000

38 Spiegelbilder mit und …

Erinnerst du dich? Die Linie, auf der dein Spiegel steht, heißt Spiegelachse oder Symmetrieachse.

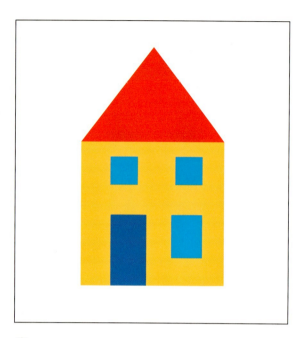

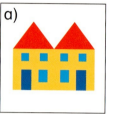 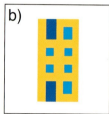 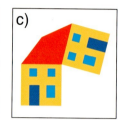
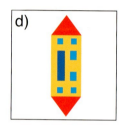 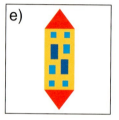 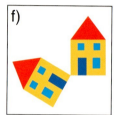

❶ So „erspiegelst" du dir Bilder: Stelle den Spiegel auf die Startfigur. Drehe und schiebe den Spiegel so lange, bis du die Bilder von a) bis f) entdecken kannst.
Achtung: Bei einem Bild geht es nicht!

Symmetrische Figuren sind deckungsgleich. Das heißt: Ich kann die Figur so in 2 Hälften falten, dass die eine Hälfte genau auf die andere passt.

❷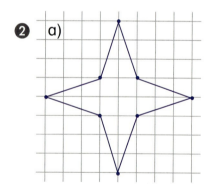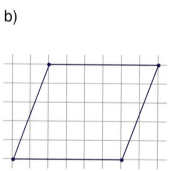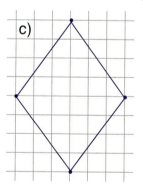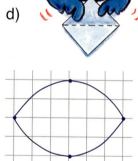

Welche Figuren haben Spiegelachsen und wie viele haben sie? Überprüfe deine Vermutung. Zeichne die Figuren auf Karopapier, schneide sie aus und überprüfe durch Falten.

❸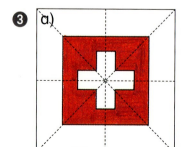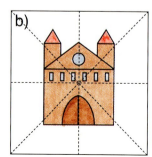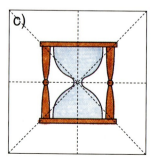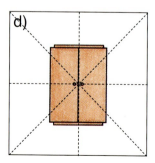

Sind alle Linien auch Spiegelachsen? Überprüfe.

... ohne Spiegel

Figuren, die in sich selbst mindestens eine Spiegelachse haben, sind symmetrisch.

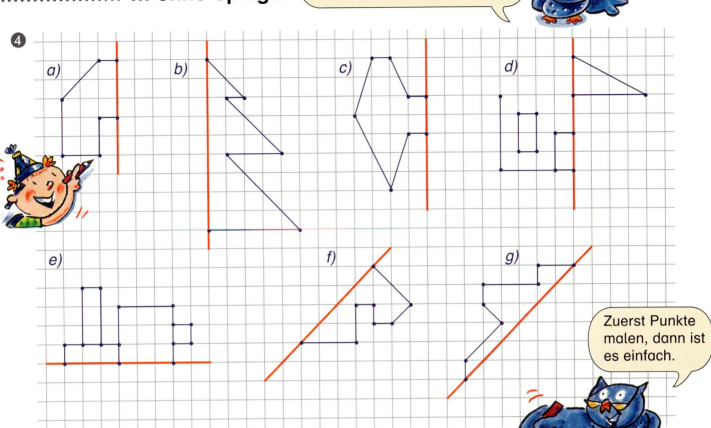

Zuerst Punkte malen, dann ist es einfach.

Zeichne diese Figuren in dein Heft und ergänze sie zu symmetrischen Figuren.

5 Zeichne Figuren wie in Nr. **4**. Dein Partner soll sie ergänzen.

Was wäre, wenn ich so aussehen würde?

6 Was wäre, wenn ...

a) Schreibt eure „Was wäre, wenn ..."-Vermutungen auf.
b) Warum müssen manche Dinge symmetrisch sein? Sprecht darüber.

So kannst du üben ★ So kannst du üben

Suche Einmaleins-Aufgaben zu diesen Ergebniszahlen.

| 32 | 24 | 48 | 12 | 20 | 16 |

Drei Zahlen – vier Aufgaben

| 8 | 56 | 6 | 9 | 48 | 8 | 7 | 6 |
| 4 | 28 | 63 | 9 |

Übe mit deiner Einmaleins-Kartei.

40 Rechte Winkel

"Rechte Winkel" überprüfen
Nimm ein Blatt Papier und falte es so:

So kannst du einen Eckenmesser herstellen.

Du erhältst eine Faltkante. Sie ist so gerade wie ein Lineal. Du kannst damit prüfen, ob Gegenstände gerade sind.

Falte jetzt die Ecken der Faltkante aufeinander. Du erhältst nun eine neue Faltkante. Beide Kanten bilden einen **rechten Winkel**.

❶ a) Überprüft mit eurem Eckenmesser, welche Gegenstände in eurer Klasse rechte Winkel haben.

b) Überprüft in eurer Wohnung Gegenstände auf rechte Winkel und schreibt auf:

Gegenstand	rechte Winkel (Anzahl)

❷ A 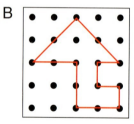 B 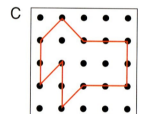 C 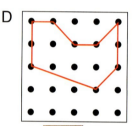 D

Spanne die Figuren auf das Geobrett und überprüfe auf rechte Winkel.

Figur	rechte Winkel (Anzahl)
A	

Es gibt auch außen rechte Winkel.

Zeichne die Figuren in dein Heft und markiere die rechten Winkel: ⌐

❸ Spanne Figuren mit 3 (5, 6 …) rechten Winkeln.

❹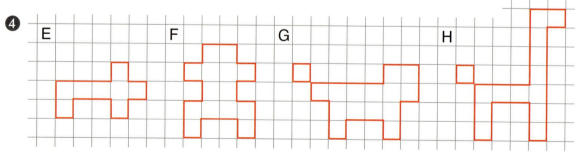

E   F   G   H

Wie viele rechte Winkel kannst du bei jeder Figur zählen? Schreibe auf.

❺ Zeichne in dein Heft Figuren mit möglichst vielen rechten Winkeln.

❻ Spanne auf dem Geobrett rechte Winkel. Nimm dazu zwei Gummis.

Kleine Flächen messen

1 A 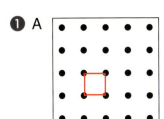 B 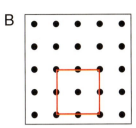 C 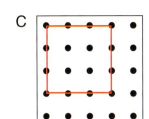 D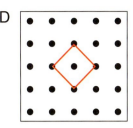

Spanne die Figuren nach. Übertrage sie auf Karopapier in dein Heft.
Vergleiche die umspannten Flächen. Was stellst du fest?
Wie viele kleine Quadrate passen jeweils in die Figur?

Figur	Flächeninhalt (Anzahl der kleinen Quadrate)
A	1

Zwei Dreiecke ergeben auch ein Quadrat.

2 Dreiecke untersuchen

A 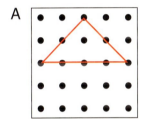 B 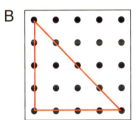 C 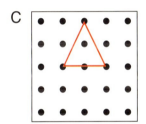 D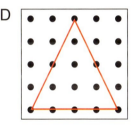

Wie groß sind die Dreiecke? Findest du auch eine Lösung für C und D?
Zeichne die Figuren nach und schreibe den Flächeninhalt dazu.

3 Unregelmäßige Figuren vergleichen

A 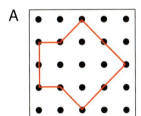 B 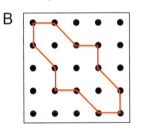 C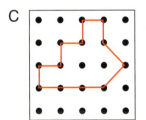

Welche Figur ist am größten?
Spanne die Figuren nach und übertrage sie in dein Heft.
Bestimme den Flächeninhalt.

4 Spanne Figuren, in die 5 (6, 7) Quadrate passen.
Zeichne die Figuren in dein Heft.

5 Zeichne eigene Figuren und bestimme den Flächeninhalt.

★ So kannst du üben ★

1000 + □
500 + □
400 + □
...

900 + □
900 + □
800 + □
...

300 + 8
300 + 80
300 + 88

500 + 7
500 + 70
500 + ...

600 − 3
600 − 30
600 − ...

200 − □
300 − □
400 − □
...

100 − □
1000 − □
900 − □
...

Finde selbst solche Aufgaben.

285 + 10
285 + 20
285 + ...

42 Den Umfang bestimmen

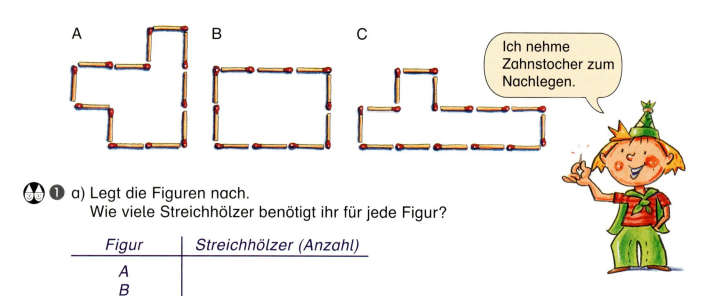

Ich nehme Zahnstocher zum Nachlegen.

1 a) Legt die Figuren nach.
Wie viele Streichhölzer benötigt ihr für jede Figur?

Figur	Streichhölzer (Anzahl)
A	
B	

b) Legt die benötigten Streichhölzer jeder Figur aneinander. Vergleicht die entstandenen Längen. Welche Figur hat den größten Umfang?

2 Legt Figuren mit 16 Streichhölzern.
Vergleicht die Flächengrößen.
Was stellt ihr fest?

Den Umfang kannst du mit Kästchenlängen messen.

3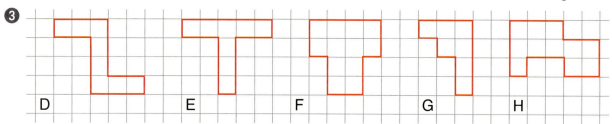

Welche Figur hat den größten Umfang?
a) Schätze zuerst.
b) Bestimme den Umfang durch die Anzahl der Kästchenlängen (KL).

Figur	Umfang (Anzahl der Kästchenlängen)
D	18 KL
E	

4 Zeichne Figuren, die aus 8 Kästchen bestehen.
Wie viele findest du? Vergleiche die Umfänge.

5 Kannst du Figuren zeichnen, deren Umfang 9 (10, 11, 12) Kästchenlängen beträgt? Was stellst du fest?

6 Zeichne eigene Figuren und gib deren Umfang in KL an.

Messen mit Meterquadraten: ein Projekt 43

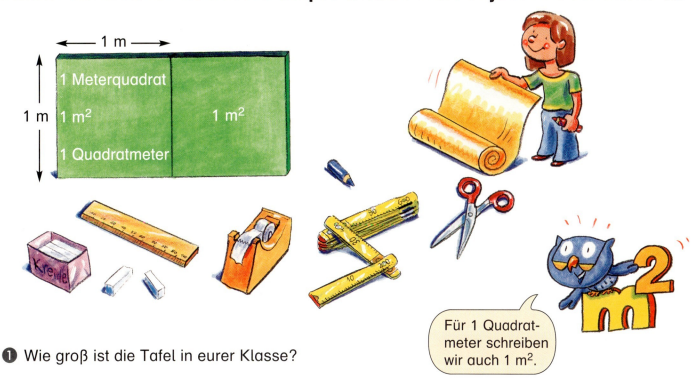

Für 1 Quadratmeter schreiben wir auch 1 m².

❶ Wie groß ist die Tafel in eurer Klasse?

❷ Welcher Klassenraum ist größer?
Vergleicht die Flächengröße eures Klassenraums mit der eurer Parallelklasse.

a) Schätzt zuerst.
b) Stellt Meterquadrate her und messt aus.

geschätzt	gemessen

❸ Überprüft, wie viele Kinder auf der Fläche von einem Meterquadrat (1 m²)
  – stehen,
  – sitzen,
  – liegen können.

❹ Legt die Fläche von 1 m² mit euren Mathematikbüchern aus.
Wie viele Bücher benötigt ihr?

❺ Überlegt, welche Flächen ihr noch ausmessen wollt.
Stellt eure Ergebnisse vor.

❻

Kann ein Meerschweinchen auf einer Fläche von einem Meterquadrat leben und sich dabei wohlfühlen?

Kann ein Hund auf einer Fläche von 1 m² leben und sich dabei wohlfühlen?

Findet heraus, wie viele Meterquadrate jedes Kind in eurer Klasse für sich allein zur Verfügung hat.

❼ Sammelt weitere Ideen für das Projekt.

Geldscheine

Es gibt 7 verschiedene Euroscheine. Sie sehen in allen europäischen Ländern gleich aus. Fenster, Türen und Tore zeigen, wie die Menschen zu verschiedenen Zeiten gebaut haben.

Geldscheine müssen in aufwändiger Technik hergestellt werden, damit sie nicht gefälscht werden können.

Jeder Euroschein hat über 10 Sicherheitsmerkmale. Dazu gehören das Wasserzeichen und der eingearbeitete Metallfaden.

❶ Was haben alle Scheine gemeinsam?
Worin unterscheiden sie sich? Vergleiche.

❷ Wie viel Geld ist es?

a)  b)  c)  d)

❸ Vergleiche die Geldbeträge. Schreibe so: 510 € ◯ ___ €

a)   b)

c)

d)

❹ Lege die einzelnen Beträge mit 3, 4 und 6 Scheinen.

a) 500 Euro   d) 200 Euro
b) 250 Euro   e) 160 Euro
c) 750 Euro   f) 255 Euro

Schreibe so: 500 € = 200 € + 200 € + ...

Wie viele Scheine brauchst du bei jedem Betrag mindestens?
Finde selbst noch Aufgaben. Dein Partner löst sie.

Schau in Katalogen nach:
Was könntest du mit 1 000 Euro kaufen?
Was mit 500 Euro?
Was mit 200 Euro?

❺ Ergänze auf 1000 Euro.

a) 400 €   b) 550 €   c) 620 €   d) 375 €
   600 €   250 €   780 €   285 €
   200 €   50 €   140 €   75 €

MÄRTYRER

gen. Mit bestem Gewissen haben Christen andere Christen verfolgt und hingerichtet; und die wechselseitige Aufrechnung der Märtyrer hat eine Rivalität der Opfer in Gang gesetzt, die neue Opfer nach sich zog.

Doch inmitten dieser abgründigen Zwiespältigkeit menschlicher Geschichte werden wir durch jene Personen aufgefordert, die Geister zu unterscheiden, die ihr Leben radikal gewaltfrei für andere gegeben haben. *Thomas Morus* achtete noch im Tod den König als König, doch nicht als Papst. *Michael Sattler,* Autor der ersten freikirchlichen Gemeindeordnung, stand für radikale Gewaltfreiheit der Christgläubigen ein. *Martin Luther* riskierte sein Leben, als er 1521 vor *Karl V.* freimütig seinem Gewissen folgte, das er in Gottes Wort gefangen wusste. Und wer wollte in unserer jüngeren Geschichte jene Frauen und Männer aus allen Kontinenten, Kulturen und jeglichen Alters aus dem Gedächtnis verlieren, die an der Westfassade von Westminster Abbey in London unser kulturelles Gedächtnis prägen sollen? Aber nicht nur Christen! Wie steht es, neben so vielen anderen, um *Mahatma Gandhi* oder *Marie Curie,* die die radioaktive Strahlung zuerst an sich selbst ausprobierte, oder heute um die vielen Journalisten, die ihr Leben im Dienst an der Wahrheit gegen die Propaganda der Tötungsmächte riskieren und so oft verlieren? Es gibt also, wie *Benedikt XVI.* sagte, eine Pathologie des Glaubens und eine Pathologie der Vernunft. Wir können uns vor uns selbst daher nur in Acht nehmen, wenn wir uns aus beiden Richtungen korrigieren lassen. Wichtig ist deshalb der christliche Beitrag aus der Theologie des Martyriums als Hilfe zur Unterscheidung der Geister.

Ausgangspunkt und Maß allen christlichen Lebens ist die Gestalt Jesu Christi. Das Evangelium spricht von der Schicksalseinheit zwischen Meister und Schüler (Mt 5,11; Lk 6,22; Mt 10,16-39) und von der Kreuzesnachfolge (Mk 8,34; Joh 15,20). Die Apostelgeschichte stellt diese Gemeinsamkeit heraus (1, 8; 5,41; 9,16; 14,22; 21,13). Stephanus stirbt den Tod Jesu (Apg 7,59f.). Paulus entwickelt eine christliche Mystik, die sich im Leiden deshalb eins wissen darf mit dem Herrn (Röm 6,3–11; 2 Kor 1,5–6; Phil 1,29), weil sich Christus selbst mit den Verfolgten identifiziert (Apg 9,4). So bildet sich der Leib Christi, in dem alle zu einer Schicksalseinheit verwoben sind (1 Kor 12). Weil dieser Äon noch im Argen liegt, kann Paulus sogar davon sprechen, das Leiden Christi zu ergänzen (Kol 1,24). Jede Christusmystik ist vom Kreuz geprägt und ins Licht der Auferstehung gestellt (Phil 3,10–11).

Christliches Leben ist daher Auslegung der Taufe. Deren Einheit von Kreuz und Auferstehung wird im Leben der Märtyrerinnen und Märtyrer radikal realisiert, weil sie sich durch keine Macht der Welt von ihrer Einheit mit dem Herrn abbringen lassen. Weil in diesem Tod, der durch seine Gewaltfreiheit und seine Vergebungsbitte an Gott zur Versöhnung auch unter uns mahnt (Apg 7,60 und Lk 23,34), wird die Mitte der Kirche selbst erkennbar: die Eucharistie. Die Dimensionen des Sterbens der Zeuginnen und Zeugen in der Nachfolge Christi bilden also die Kriterien zur Unterscheidung der Geister.

Das Martyrium ist ein Glaubensakt, in dem Christus präsent wird

Der Märtyrer ist eine Person, die gewaltsam getötet wird, an den Folgen der Haft und der Folter stirbt. Das materiale Kriterium bleibt seit *Polykarp* (gestorben etwa 155) sinnvoll: „Blutzeugnis". Der Grund für diesen Tod liegt in der unterschiedlichen Motivation. Auf Seiten der Tötungsmacht muss Hass auf Glauben und Kirche festgestellt werden. Andererseits muss das Handeln, das zum Tod führt, vom Evangelium und dem Glauben der Kirche motiviert sein.

Das Martyrium ist ein Glaubensakt, in dem Christus selber repräsentiert wird und daher alle kirchlichen Vermittlungen überragt. Das christliche Martyrium erwächst aus der unverbrüchlichen Gemeinschaft mit Jesus Christus und ist deshalb als Vollendung der Taufe zu verstehen. Darin werden die entscheidenden Momente des christlichen Glaubens selbst erkennbar.

Das Martyrium ist ein Charisma, das nicht erzwungen, provoziert oder anderen auferlegt werden darf. Niemals kann es gelernt oder verlangt werden. Die Beziehung zu Jesus Christus wird auch in dieser extremen Situation als Freiheitsverhältnis erkennbar. Die Tradition sprach daher von der Gnade des Martyriums. Dieser Glaubensakt steht treu in der Nachfolge des demütigen und armen Jesus Christus und repräsentiert die gewaltlose, erlösende Liebe Gottes am Kreuz als Realisierung der Taufe; und deshalb auch den Sieg der Gnade, die Auferstehung.

Das Martyrium ist das Zeichen der Erlösung in einer Welt diffuser Gewalt. Deshalb ist das Martyrium im radikalen Sinne gewaltfrei. Der Märtyrer wendet nicht nur keine Gewalt an, sondern wird durch die Gnade Christi dazu befähigt,

> Das Martyrium ist ein Charisma. Es darf nicht erzwungen werden, auch nicht auferlegt oder provoziert.

Roman Siebenrock wurde 1957 geboren und ist seit 2006 ao. Professor für Fundamentaltheologie an der Katholisch-Theologischen Fakultät der Unversität Innsbruck. Seit 2017 ist er Institutsleiter am Institut für Systematische Theologie.

den Kreislauf der Gewalt durch seine an Gott gerichtete Vergebungsbitte zu unterbrechen. Darauf ist auch die Erinnerungsgemeinschaft verpflichtet. Der Ruf zur Feindesliebe findet darin seine Vollendung: gelebte Bergpredigt. Damit realisiert das Martyrium nicht den Heroismus der letzten Stunde, sondern vollendet ein ganzes Leben als Leben und Sterben mit Christus.

Dieser Glaubensakt kann auch von Nicht-Christen vollzogen werden

Dieser Glaubensakt kann sich mit der Todesangst Jesu im Garten vereinen und muss daher nicht angstfrei erlebt werden. Vielfach wird in der jüngeren Glaubensgeschichte bezeugt, wie die Personen einen Weg durchleiden, der sie mit Christus vereint. Die darin bezeugte Dekonstruktion allen Heroismus' unterscheidet die christlichen Märtyrer heute von den Helden der Propaganda in den legendären Überhöhungen der Alten Kirche. Damit wird nicht nur der implizite Dualismus von Gut und Böse als Zuschreibungskategorien für Menschengruppen überwunden, sondern vor allem die tragende Christusbeziehung der Märtyrerinnen und Märtyrer bezeugt, die sich wie der Schächer am Kreuz dem Herrn im Bittgebet anempfehlen. Auf diese Weise kommt im Martyrium die eschatologische Macht Gottes, wie sie uns Christus gezeigt hat, als Macht der ohnmächtigen Liebe zur Geltung. Weil das Martyrium so die Gewaltmechanismen der jeweiligen Gegenwart aufdeckt, ist es „apo-kalyptisch" und daher immer politisch. Deshalb ist es für die Gemeinschaft der Glaubenden notwendig, auch wenn die Tötungsgewalt ihre Opfer anonymisiert und aus dem allgemeinen Gedächtnis verbannen möchte, diese öffentlich in Erinnerung zu halten.

Dieser Glaubensakt wird – zumal im 20. Jahrhundert – oftmals als sittliche Konsequenz des Glaubens vollzogen, individuell, gesellschaftlich und politisch. Die Anerkennung von *Maria Goretti* als Märtyrerin hat verdeutlicht, dass nicht nur der „reine bekennende Glaubensakt", sondern auch seine sittlichen Konsequenzen integral zur christlichen Glaubensgestalt gehören. *Johannes Paul II.* integrierte in diese Konsequenz des Glaubens auch die sozialen und politischen Implikationen. Der Widerstand gegen totalitäre Regime, der Einsatz für die Menschenrechte wird so zum unaufgebbaren Bestandteil des christlichen Zeugnisses.

Prälat *Bernhard Lichtenberg* und viele andere gaben ihr Leben im Einsatz für Juden und legten den Samen in das kirchliche Gedächtnis für die Überwindung des christlichen Antijudaismus. In der Tradition apokalyptischer Enthüllung entlarven die Märtyrer die Tötungsmacht als verquere Anbetung des großen Tieres (Offb 13–14) und fordern jene, die ihrer später gedenken, zu erneuter Wachsamkeit auf. Damit ist das Zuordnungsmodell von Röm 13 relativiert. Nicht jede Regierung ist gottgewollt.

Dieser Glaubensakt, als Eintreten für ein sittliches Gut, das heißt als gewaltfreies Eintreten für Wahrheit, Gerechtigkeit und Frieden, kann von allen Menschen, also auch von Nicht-Christen vollzogen werden. Auch wenn es von kirchlicher Seite noch keine offizielle Stellungnahme gibt, scheint mir das Zeugnis von Menschen aus allen Nationen eine Hoffnung des Konzils zu bestätigen: Gott bietet allen Menschen im Heiligen Geist die Möglichkeit an, mit dem Tod und der Auferstehung Christi verbunden zu sein (Gaudium et spes, Nr. 22).

In der Erinnerung an die Vision der Offenbarung des Johannes, in der er die unzähligen Gerechten aus allen Völkern kommen sieht, und in Aufnahme einer langen und aktuellen jüdischen Erinnerungstradition könnten auch die Christgläubigen alle Personen als Märtyrer der Gerechtigkeit und der Wahrheit anerkennen, wenn sie das Kriterium der Gewaltfreiheit und der Vergebungsbereitschaft bezeugen. So könnte eine Erinnerung wechselseitiger Inklusion wachsen, in der jede Gemeinschaft sich in Achtung an Personen aus anderen Gemeinschaften konstitutiv zu erinnern pflegt.

Märtyrer werden getötet, weil sie sich zum Glauben und zur Kirche bekennen. Das Maryrium entzieht der Tötungsmacht den Totalitätsanspruch auf den Menschen und ermöglicht dadurch das Bewusstsein für die Freiheit des Subjekts. Ausgangspunkt des Konflikts war und ist häufig die bloße Zugehörigkeit zur Kirche gewesen. Oft ist der Anlass das Eintreten der Personen für die sozialpolitischen Konsequenzen des Glaubens, wodurch die totalitären Tendenzen einer Gesellschaft aufgedeckt werden.

Der kirchenbekennende Akt des Märtyrers stellt eine ökumenische Option für die Einheit der Kirche dar. Johannes Paul II. hat die „Ökumene der Märtyrer" betont und damit eine gefährliche Unruhe in unsere ökumenische Lethargie gebracht. Diese „Ökumene" reicht über den innerchristlichen Raum hinaus. Weil im 20. Jahrhundert erstmals ein Martyrium *pro Israel* anerkannt wurde (*Bernhard Lichtenberg*, *Edith Stein* und andere), erinnert das Martyrium an die ursprüngliche und – so hoffen wir – eschatologische Einheit des Volkes Gottes aus Juden und Heiden. Der Märtyrer bekennt sich in der Herkunft aus einer geschichtlich-konkreten Glaubensgemeinschaft zu jener einen Kirche Jesu Christi, auf die wir durch das Bittgebet Jesu verpflichtet sind (Joh 17, 21). Daher kann das künftige Martyrium nicht mehr gegen andere Christinnen und Christen ausgespielt werden. Es wäre schon längst an der Zeit, am Gedenktag der Märtyrer von Lübeck sich wechselseitig zu Eucharistie und Abendmahl durch diese vier eingeladen zu wissen; und diese herausfordernde Einladung auch zu realisieren.

Das Gedenken an die Märtyrer hat daher drei Dimensionen und ist Ausdruck einer Kultur der Versöhnung. Erstens wird ein Gedächtnis für alle Opfer, die nicht gegeneinander ausgespielt werden dürfen, öffentlich gewahrt. Dieses Gedenken ist zweitens implizit oder explizit Ausdruck jener maßlosen Hoffnung auf eine Macht, die den Opfern Gerechtigkeit und Leben zukommen lassen möge. Das Gedenken erinnert drittens daran, wie es zu diesen Gewaltakten kam. Das Versagen und die Tragödien werden dadurch in Erinnerung gehalten und die Gegengeschichten der Vertuscher und Verharmloser – auch in der eigenen Glaubensgemeinschaft – widerlegt. Das Gedenken an die Märtyrer ist eine gefährliche Erinnerung auch für die eigene Glaubensgemeinschaft, auch wegen der oftmals festzustellenden mangelhaften Anerkennung der Opfer danach. Daraus erwächst der Ruf, auch heute wachsam gegenüber den Versuchungen des großen Tieres zu sein. ∎

SEELSORGE

Abschied am offenen Grab

Wenn Worte fehlen

Der Schmerz kam wie eine riesige Welle, als ihr Bruder starb. Da war auch für die Theologin erstmal kein Trost in Sicht. In solchen Situationen kann die Liturgie helfen, ein Ritus mit uralten Worten und Gesten. Er schafft Nähe und lässt Raum für Stille. **VON KIRSTEN FEHRS**

Als mein Bruder starb, wollten wir gerade in den Urlaub fahren. Vor uns standen die Koffer, da kam der Anruf. Ich weiß noch, dass ich als erstes so etwas wie Unwillen verspürte, dass jetzt nicht mehr an Urlaub zu denken war – und schämte mich sofort. Mein Bruder war ein wunderbarer, grundgütiger Mensch. Und er war buchstäblich von einer Sekunde zur anderen aus dem Leben gerissen worden.

„Was fällt ihm ein, einfach so zu gehen?", dachte ich. Geschwister haben da zu sein, sie sind doch ein fest verwurzelter Teil der eigenen Geschichte! Aber nein – tot. Brutal und unwirklich zugleich umklammerte der Tod das Leben, mein Leben. In diesem Moment kam der Schmerz wie eine riesige Welle über mich. Es war ein Riss durch die Wirklichkeit. Mich ergriff buchstäblich Herzschmerz, als würde die Herzhaut reißen, Membran unserer Empfindsamkeit. Wie betäubt erlebte ich all dies zugleich: Schreck und Scham und Wut und diesen abgrundtiefen Schmerz.

„Komm, süßer Tod…"?! – Mit diesem Bachchoral, der mich in seiner einfühlsamen Sehnsucht nach Erlösung an jedem Karfreitag zutiefst getröstet hat, hätte man mir nicht kommen dürfen. Mein Bruder war der Welt nicht müde, wie es darin heißt! Er war mitten im Leben und ich untröstlich. Das erste Mal in meinem bislang christlich denkenden und behüteten Dasein. Die Zeit bis zur Beerdigung war wie ein eigener Film. Und mit ängstlicher Erwartung erfüllt, auch für uns ansonsten mit Tod und Trauer vertraute Theologen in der Familie: Wird das Richtige gesagt, die Fassung gewahrt, die Liturgie tröstlich sein? Wie wird es sein am offenen Grab? Von Beileidsbekundungen baten wir, *nicht* abzusehen…

Die Bestattung ist die letzte Station, bei der man etwas für den geliebten Menschen tun kann. Wo es darum geht, Worte zu finden für das, was einem selbst unaussprechlich ist im Raum des Todes. Deshalb ist es so wichtig, dass jemand persönlich, aber auch mit einer guten professionellen Distanz durch diesen Ritus führt, seelsorgend und kundig. Ein Liturg oder eine Liturgin, die mit uralten Worten und Gesten dabei hilft, über die Schwelle des Abschieds zu gehen, der so bitterlich endgültig scheint.

Indem ausgesprochen wird, was alle bewegt. Indem gewürdigt wird, was dieses gestorbene Leben an Reichtum oder auch Fragen hinterlässt. Indem die Trauer erlaubt wird und in Tränen buchstäblich zum Aus-Druck kommt. Indem am offenen Grab, wo mit dem Herunterlassen des Sarges und dem Geräusch des Erdwurfs schmerzhaft die Totalität der Trennung bewusst wird, der Segen zugesprochen wird. Lebenskraft also für die, die im Moment nicht glauben, allein weitergehen zu können.

Kurz: Indem die Sehnsucht, getröstet zu werden, sich erfüllt. Denn Trost ist Leben, nichts weniger. Trost ist das sensible Wort im richtigen Moment, ist die Nähe, wenn Worte fehlen, ist wie ein kleines Fenster mit Aussicht in tiefer Trauer und totaler Sinnentzogenheit.

Ich habe als Pastorin oft Menschen in der Trauer begleitet. Häufig schon vorher, als es ans Sterben ging. Und ich habe gelernt: Jeder Tod ist einzigartig. Wie eben auch die Trauer der Angehörigen. Da gibt es kein Falsch oder Richtig, schon gar nicht Routine, da gibt es nur Einzigartigkeit inmitten der – neben der Geburt eines Kindes – wohl größten Ausnahmesituation im Leben: Wenn ein geliebter Mensch von dieser Welt in die andere geht. Wenn einer die anderen zurücklässt mit ihrer Liebe. Oder ihren unerfüllten Wünschen. Ihren Schuldgefühlen. Oder der Erleichterung, dass es am Ende gut war und versöhnt. Erlöst durch wirklich „süßen Tod".

Und ich habe stets wahrgenommen, dass sich im Raum des Todes selbst eine tiefe Stille ereignet. Eine heilsame Wortlosigkeit, die würdigt, dass das Sterben eines Menschen unbeschreiblich ist. Die Tage darauf, wenn die Bestattung organi-

Kirsten Fehrs wurde 1961 geboren und ist Bischöfin im Sprengel Hamburg und Lübeck der Nordkirche. Außerdem gehört sie dem Rat der Evangelischen Kirche in Deutschland (EKD) an. Nach dem Theologiestudium arbeitete sie als Gemeindepastorin, leitete ein Bildungswerk und war in der Organisationsentwicklung der Nordelbischen Kirche tätig. 2006 wurde sie Pröpstin im Kirchenkreis Hamburg-Ost und Hauptpastorin in der Hauptkirche St. Jacobi.

THEOLOGIE

siert, die Lieder ausgesucht, Beileidsbekundungen entgegen zu nehmen sind, sind die Trauernden mit Geschäftigkeit erfüllt. Man ist gefordert, lässt sich ablenken. Es ist wie eine Gnade der Natur, die für die Seele Zeit herausholt, bevor der Verlust in all seiner Realität zum Verlustschmerz wird.

Aber dann, dann braucht es ein gutes Ende. Damit neuer Anfang irgendwann wieder gelingen kann. Eine neue Sinneröffnung, die jeder Mensch für sich selbst finden muss. Die mit Ängsten erwartete Bestattung ermöglicht das oft: die Erkenntnis, dass Trauer nun Teil des Lebens ist. Bei den einen ist das ein längerer, bei den anderen ein kürzerer Weg. Und Gott dabei? Er macht, glaube ich, viele Trauernde zunächst wütend. Irgendwo muss die Wut ja hin über das, was einen so leiden lässt. Manche sehen, verstehen, glauben ihn nicht. Auch weil sie ohne Antwort bleiben in ihrem nagenden Warum. Ich selbst habe geklagt, ja, auch ihn angeklagt. Und getröstet hat mich: All das hält mein Gott aus.

Den Schmerz nicht bagatellisieren

So viele Menschen heutzutage entscheiden sich nicht mehr für kirchliche Beerdigungen; zu fern der Ritus oder – mag sein – zu schlecht die Erfahrungen. Zugleich aber spüre ich allerorten, dass sich so viele Traurige sehnen. Nach jemandem, der ihrem „Warum?" zuhört. Der versteht, dass man nicht vertröstet werden will und den Schmerz bagatellisieren, sondern sich gemeinsam mit ihnen auf die Suche macht nach tröstlicher Genauigkeit, nach Worten, die den transzendenten Raum aufscheinen lassen, der den aufgewühlten Seelen unserer Zeit Kraft gibt und neue Handlungsfähigkeit. Getragen von einer Haltung, die über das hinaus hofft, liebt und glaubt, was hier und jetzt so furchtbar ist. Und gesegnet von einem Gott, der dieser Welt zeigt: Liebe ist stärker als jeder Tod.

„Ich lebe, und ihr sollt auch leben" – Jesus sprach diese Worte, als er schon seinen Tod vorausahnte. Nicht jeder, der stirbt, kann sich zuvor auf diese Weise von seinen Angehörigen verabschieden. Aber diese sieben Worte können trotzdem dabei helfen, am Grab Abschied zu nehmen, mit dem Bewusstsein, dass es mehr gibt als unser Leben. Das gibt mir Trost. Und auch wenn ich nie vergessen werde, wie tief Erschütterung sein kann, bleibt die Gewissheit, dass Gott sich uns Zurückgebliebener annimmt. Dass er festen Grund gibt zu leben. Und einen Himmel, der meinem Bruder ein Zuhause gibt. ■

Kreuzigung
Michael Triegel, 2001 © VG Bild-Kunst, Bonn 2017

WELTRELIGIONEN

Jenseitsvorstellungen in den Weltreligionen

Gericht und Wiedergeburt

Wer nach dem Tod fragt, fragt nach dem Leben. Und so unterschiedlich wie das Leben sind auch die Antworten der Weltreligionen auf den Umgang mit dem Sterben und dem, was danach kommt. Während der Islam das Gericht betont, stehen im Hinduismus und im Buddhismus die Erlösung von der Wiedergeburt im Vordergrund. **VON ULRICH DEHN**

Wer nach dem Tod fragt, fragt nach dem Leben. Aus dem Verständnis des Lebens und seiner Begrenzung resultiert das Verhältnis zum Tod und seiner Gestaltung, und auch das Nachdenken über die Zeit nach dem Tod. Diese Einsicht bestätigt sich an vielen Stellen im Denken und Glauben asiatischer Religionen und im Islam. Der erste Kaiser von China, *Qin Shihuangdi* (gestorben 210 v. Chr.), ließ sich im Grabmal von einer Armee aus lebensgroßen Terrakotta-Soldaten beschützen, da er befürchtete, noch nach dem Tod angegriffen zu werden.

Denken über den Tod ist geprägt von Vorstellungen über Zeit und Raum

Das Denken über den Tod und das, was danach kommt, ist von zwei Komponenten geprägt: die Befindlichkeit des Menschen in der Zeit und die Frage nach der Ethik. Das Leben in einer überschaubaren, gezählten Zeit, nicht im Fluss einer amorphen Zeit-Masse: Auch der Beter des alttestamentlichen 90. Psalms bittet um Einsicht in das Eingeteiltsein der Zeit und das Gezähltsein der Tage, um mit seinem Leben in kluger Weise umgehen zu können. Zeit wird für das Leben des einzelnen Menschen und für das Kollektiv festgemacht an natürlichen Vorgängen: am Lauf der Sonne und des Mondes, an den Jahreszeiten und den Gezeiten. Die Lebenszeit des Menschen wird dagegen metaphorisch beschrieben: Zenit des Lebens, Lebensabend.

Bei der ethischen Komponente geht es um Vorstellungen über das, was sich aus dem menschlichen Verhalten im Diesseits für das Jenseits ergibt: Gerichtsvorstellungen, karmische Prozesse, Aufarbeitungen in verschiedenen Stufen, Himmel und Paradies oder Hölle als Resultate guten oder schlechten Handelns. Die Wiederkehr in das irdische Leben stellt eine Chance dar, ein besseres Leben zu führen. Die ethische Komponente lässt die Vorstellungen darüber, was den Menschen im Jenseits erwartet, zu ethischen Impulsen für das Diesseits werden.

Im Islam werden die ethischen Vorstellungen und ihre Konsequenzen in einer mythologisch geprägten Sprache ausgedrückt: Bereits im Sterbeprozess wird der Mensch von Engeln über seine guten und schlechten Taten aufgeklärt. Das Leben ist als eine Zeit der Bewährung zu betrachten, die dem Menschen von Gott gegeben wird. Das Glaubensbekenntnis soll das Letzte sein, das der Mensch vor seinem Tod sagt, oder das Letzte, das ihm zugesprochen wird, wenn er es selbst nicht mehr sprechen kann.

Nach dem Tod gelangt er in eine Zwischenzeit (*barzah*), die ihm mit einer Barriere die Rückkehr in das irdische Leben versperrt. Hier erwartet ihn ein erster kurzer Prozess, der ihm anhand eines vorläufigen Urteils eine Vorstellung davon vermittelt, was weiterhin mit ihm geschehen wird.

Die Seelen der Menschen werden von den Körpern getrennt und vom Todesengel *Azra'il* zu Gott gebracht. Seelen, deren Lebenswandel in der Vorverhandlung von Gott als gerecht bewertet wird, kehren in den Körper zurück und gelangen direkt ins Paradies. Sie können dem letzten Gericht gelassen entgegensehen. Die anderen müssen auf das Gericht mit unbekanntem Ausgang warten. Laut mythologischen Beschreibungen können Menschen mit einem guten Lebenswandel von ihrer Grabstätte aus in das ihnen offen stehende Paradies schauen, während die Frevler aus ihrem unterirdischen Abgrund durch einen schmalen Spalt auf die für sie geöffnete Höllenpforte sehen müssen.

Das dreiteilige Weltbild des Islams war auch Juden und Christen bekannt

Diese Vorstellungen sind einem dreiteiligem Weltbild verpflichtet, das bis ins Mittelalter hinein auch dem Judentum und dem Christentum bekannt war: Über der siebenteiligen Erde wölbt sich der Himmel, der ebenfalls aus sieben Ebenen besteht, und die darunterliegende Hölle ist in sieben übereinander liegende Höfe mit Toren eingeteilt. Der Mensch befindet sich in den Bereichen, die seinem Zustand entsprechen. Er geht einen individuellen Weg, der Bestandteil des Heilsplans Gottes ist. Dieser Plan hat mit der Schöpfung begonnen und beinhaltet auch das Sterben und den Tod als integralen Bestandteil.

Die Bestattung soll im Islam innerhalb von 24 Stunden nach dem Eintreten des Todes erfolgen. Zuvor wird der Leichnam gewaschen, Männer von einem Imam, Frauen von weiblichen Angehörigen. Der Tote wird in ein weißes Leinentuch (*Kefen*) eingeschlagen und

THEOLOGIE

Ulrich Dehn
wurde 1954 geboren und ist seit 2006 Professor für Missions-, Ökumene- und Religionswissenschaften am Fachbereich Evangelische Theologie der Universität Hamburg. Nach der Promotion 1985 erfolgte 1992 die Habilitation im Fach „Religionsgeschichte und Missionswissenschaft" in Heidelberg. Von 1995 bis 2006 war Dehn wissenschaftlicher Referent für nichtchristliche Religionen in der Evangelischen Zentralstelle für Weltanschauungsfragen in Berlin.

nicht eingesargt. Nach der Freisprechung von seinen Sünden wird er zum Grab getragen und mit dem Gesicht zur Kaaba in Mekka bestattet. Bestattungen dieser Art sind inzwischen auf vielen deutschen Friedhöfen möglich.

In den hinduistischen Traditionen findet sich seit den vedischen Zeiten der Glaube an eine Wiedergeburt. Seit ungefähr 600 v. Chr. ist er fester und selbstverständlicher Bestandteil der Religiosität. Die Wiedergeburt dient auch als Erklärung für Phänomene des menschlichen Lebens wie beispielsweise Erinnerungen, die nach dieser Vorstellung nur aus früheren Leben stammen können. Wie im Buddhismus ist in den verschiedenen Strömungen des Hinduismus das menschliche Leben eines in einer langen Reihe von Leben. Diese Reihe setzt sich fort, solange der Mensch nicht aus dem Kreislauf erlöst wird.

Sterben und Tod können dem Wunsch des Menschen entsprechen, wenn es sich um den asketischen Tod eines weisen Hindu um seiner karmischen Reinheit willen handelt. Denn der Tod bedeutet das Erlöschen aller Begierden, die die Ursache der Verunreinigung des Menschen sind, und damit Entsagung aller weltlichen Belange bis zum Verzicht auf das Leben. Der Tod ist in diesem Fall der Übergang des Menschen aus seinen karmischen Verflechtungen in die Erlösung. Dies ist das Ziel eines *Sannyasin*, eines Hindu, der sich ganz diesem Anliegen gewidmet hat.

Wenn es um das Sterben eines „normalen" Hindus geht, stellt der Tod einen Übergang zur karmischen Bearbeitung seines Schicksals und zu einem nächsten Leben dar. Die Bestattung des Verstorbenen wird mit umfangreichen Riten begangen, weil der Tod über den religiösen Glauben hinaus auch ein Abschied aus der Gemeinschaft der Lebenden ist.

Die Zeit unmittelbar vor dem Tod ist ein Augenblick karmischer Konzentration. Die Familie, die Angehörigen und die Gemeinschaft begleiten den Sterbenden darin und tragen ihn durch das Dorf. Dieser gemeinschaftliche Abschied und die letzten Gedanken des Sterbenden sind für dessen zukünftige Existenz entscheidend.

Bei der Bestattung ist die Anwesenheit eines brahmanischen Priesters erwünscht. Die traditionelle Einäscherung ermöglicht dem feinstofflichen, spirituellen Leib, sich vom physischen Körper zu trennen. Kurz bevor das Feuer des Scheiterhaufens endgültig abgebrannt ist, hat der älteste Sohn die Aufgabe, den Schädel des Toten mit einer Bambusstange zu spalten, so dass die Seele austreten kann. Die Berührung des Leichnams gilt als verunreinigend, alle Betroffenen müssen sich einer anschließenden rituellen und physischen Reinigung unterziehen.

Wanderung und Wiederkehr der Seele werden im Hinduismus in den heiligen Texten parallel zum Lauf des Wassers dargestellt: Das Wasser strömt im Regen auf die Erde und gibt der Pflanzenwelt Leben. Der Mensch nimmt mit der Ernährung den Saft und damit das Leben der Pflanzen auf und gibt es in der Zeugung weiter an einen neuen Menschen. Beim Einäschern des Toten steigt der Rauch zum Himmel und schließt damit den Kreislauf.

Seinen Ursprung hat das Wasser im Mond, der sich als ewiges Wasserreservoir immer wieder entleert und füllt. Der Mond, der als Himmelstor dient, prüft die Seelen, die im Kreislauf des Wassers zum Himmel gelangen, auf ihr Karma. Sie gehen dann entweder erlöst in den Himmel ein oder scheitern an den Fragen nach ihrem geheimen Wissen, „regnen" auf die Erde zurück und werden wiedergeboren. In der *Bhagavadgita*, der populärsten Schrift des Hinduismus, wird die Wiederkehr mit einer anderen Metapher ausgedrückt: „So wie ein Mensch abgetragene Kleider wegwirft und neue, andere anlegt, so wirft das verkörperte Selbst die verbrauchten Körper weg und verbindet sich mit anderen, die neu sind" (2. Gesang, Vers 22).

Ein Gelehrter bereitet den Sterbenden auf den Tod vor und begleitet ihn danach

Im Buddhismus, der viele unterschiedliche Lehren zu diesem Thema kennt, kann nur mittelbar von einer Wiedergeburt geredet werden. Die Lehre des Buddha, wonach alles Gewordene vergeht, bezieht sich auch auf den Menschen und die Seele, es gibt aber keine „wandernde Seele" wie im Hinduismus.

An der Reinkarnation besteht im Buddhismus jedoch kein Zweifel, denn die geistige Reinigung des Bewusstseins bedarf auch nach buddhistischem Glauben vieler Leben, um verwirklicht zu werden. Wie ist Reinkarnation möglich, wenn das *atman*, die Seele, keinen Bestand hat? Für die meisten Strömungen des Buddhismus kommt Reinkarnation aufgrund des Bewusst-

> Im Buddhismus und in den hinduistischen Traditionen ist das menschliche Leben eines in einer langen Reihe von Leben.

seins zustande, das laut *Michael von Brück* als Energie, Kapazität oder Möglichkeit betrachtet werden kann. Im *Milindapanha* aus dem Schrifttum des alten Buddhismus wird hierfür die Metapher des Feuers verwendet: Eine an einer anderen Flamme angezündete Flamme ist gleiches Feuer, aber doch eine andere Flamme. Das Bewusstsein, das im Unterschied zum hinduistischen Selbst die Eigenschaften des Nicht-Permanenten mit allem anderen Werdenden und Vergehenden teilt, ist Sammelstelle der Sinneseindrücke und eines Prinzips von Kontinuität und Wandel. Dies lässt sich aus den alten Schriften des Buddhismus bis hin zum ostasiatischen Mahayana-Buddhismus nachvollziehen.

Das Tibetische Totenbuch *Bardo Thödol*, dessen Kern auf den Weisen *Padmasambhava* im achten Jahrhundert zurückgeht und das im 14. Jahrhundert wiederentdeckt wurde, beschreibt einen fließenden Übergang von der Sterbephase in eine nachtodliche Phase. Während der ganzen Zeit werden die Toten von einem *Lama*, einem tibetischen Gelehrten, bis hin zu einer eventuellen Wiedergeburt begleitet. Der Lama bereitet den Sterbenden auf seinen Tod vor und begleitet ihn danach durch die sechs Zwischenstadien, die *Bardos*, die ihm nachträglich die Gelegenheit geben, sein Leben karmisch zu bewältigen.

Laut traditionellen Reinkarnationsvorstellungen kehrt der Verstorbene nach einer Frist von mindestens 49 Tagen in den Zwischenstadien und neun Monaten, die der Schwangerschaftszeit entsprechen, ins Leben zurück. Der Begleiter fordert ihn auf, sich die Haltung eines erleuchteten *Bodhisattva* anzueignen, also Liebe, Mitgefühl und das Ansinnen, allen Lebewesen zum Wohl zu verhelfen. Diese Anweisungen sind die letzten Worte, die der Sterbende zu hören bekommt.

Der Tote erhält von dem Begleiter zunächst einen Überblick über die Bardos. Kontinuierlich wird er an die Möglichkeit erinnert, durch karmische Arbeit zur Erlösung zu gelangen. Während der Verstorbene bereits eine mögliche Wiedergeburt und ihre Umstände vor Augen hat, klärt ihn der Lama immer weiter darüber auf, in welchem Stadium er sich befindet.

Gelingt die Befreiung durch das Hören auf die Worte des Lama nicht, verstreicht der Durchgang durch die verschiedenen Stadien des Bardo ungenutzt, und der Tote wird wiedergeboren. Im Totenbuch drückt sich damit in einer im Buddhismus bis dato nicht gekannten Weise das Bedürfnis aus, noch die Toten an der Chance teilhaben zu lassen nachzuholen, was ihnen im Leben nicht gelang. Das Tibetische Totenbuch ist damit ein Beleg für den Tod als eine „weiche Grenze", die die Kommunikation nicht abreißen lässt.

In vielen asiatischen Ländern suchen die Lebenden Rat bei den verstorbenen Ahnen

Buddhistische Toten- und Bestattungsriten können sehr aufwendig sein. In Japan beinhalten sie die Bekleidung mit einem Totengewand, die Aufbahrung mit dem Kopf Richtung Norden, die Rezitation von Sutren durch buddhistische Mönche und eine Totenwache der engsten Familienmitglieder in der ersten Nacht. Zum Totenritual gehört auch eine symbolische Mönchsweihe. Zu diesem Zweck wird symbolisch eine Tonsur vorgenommen. Der Tote wird im Sarg eingeäschert, und die Urne von der Familie bestattet.

Die Angehörigen unterziehen sich anschließend einer symbolischen Reinigung. Es folgt eine 49-tägige Trauerzeit: die Zeit der Reise ins Jenseits und der Rechtfertigung vor zehn Richtern in der Totenwelt. Diese Phase wird von wöchentlichen rituellen Handlungen begleitet und am Ende mit einer Feier abgeschlossen. Es folgen Riten nach einem, nach drei, nach sieben, nach 13 und möglichst nach 33 Jahren, nach denen man hofft, dass die Seele des Toten endgültig ins Jenseits eingegangen ist.

Ein allgemeines Totengedenken findet in Japan jährlich zum Bon-Fest im Juli oder August statt. Die japanischen Riten, insbesondere die Gedenkfeiern, sind geprägt durch buddhistische Traditionen und volkstümliche Bräuche der Kommunikation mit den Ahnen. Auch in China, Korea und in anderen asiatischen Ländern wird die Ahnenverehrung gepflegt: Die Verstorbenen bleiben Teil des sozialen Beziehungsgefüges, indem ihre Angehörigen mit ihnen kommunizieren und ihren Rat suchen. An dem Kult zeigt sich die hohe Wertschätzung für die Verstorbenen; in seltenen Fällen werden diese geradezu vergöttlicht.

Das Sterben und der Tod markieren eine Grenze des menschlichen Lebens, die auch in den dargestellten religiösen Traditionen ernstgenommen wird. Die ausdifferenzierten Jenseits-Vorstellungen sind einerseits Teil einer Erinnerungskultur für die Angehörigen. Andererseits sind sie Ausdruck des menschlichen Bedürfnisses, das Leben – und was danach kommt – ethisch zu bewerten und in das größere Narrativ der Geschichte zu stellen. In diesem Narrativ sind Sterben und Tod wichtige Markierungspunkte. ∎

WELTRELIGIONEN

LITERATUR:

Michael von Brück:
Ewiges Leben und Auferstehung, Freiburg 2012

Wolfgang Achtner, Stefan Kunz, Thomas Walter:
Dimensionen der Zeit, Darmstadt 1998

Uwe Herrmann:
Zwischen Hölle und Paradies. Todes- und Jenseitsvorstellungen in den Weltreligionen, Gütersloh 2003

Johann-Christoph Student (Hg.):
Sterben, Tod und Trauer. Handbuch für Begleitende, Freiburg 2004

Francesca Fremantle und Chögyam Trungpa (Hg.):
Das Totenbuch der Tibeter, 13. Auflage, München 1991

WEBSEITEN:

http://www.religion-on-line.info/islam/themen/info-tod.html

https://www.univie.ac.at/rel_jap/an/Alltag/Totenriten

KULTUR

Bestattungskultur im Wandel

Pietät und Prosecco

Der gesellschaftliche Säkularisierungsschub hat nicht zu einer Vernachlässigung oder gar zu einem Verlust der Trauerkultur geführt. Doch die Wünsche, wie Tote bestattet werden, sind vielfältiger geworden. Friedhöfe und Kirchen stellen sich vermehrt auf die veränderten Bedürfnisse ein. **VON REINER SÖRRIES**

Geht man auf Fachtagungen der Friedhofsverwalter, Bestatter oder anderer einschlägiger Berufsgruppen, so steht der Wandel der Beerdigungs- und Friedhofskultur im Mittelpunkt. Die Entwicklungen werden meist negativ gesehen, manchmal ist gar von einem „Verfall der Bestattungskultur" die Rede. Die Kriterien dafür sind sinkende Umsätze bei den Bestattungen, geringere Gebühreneinnahmen auf den Friedhöfen und weniger verkaufte Grabsteine. Die Ursache für den vermeintlichen Kulturverfall ist schnell ausgemacht: Den Angehörigen und Hinterbliebenen sei die Pietät abhanden gekommen. Auch die angeblichen Totengräber der Friedhofskultur sind schnell benannt. Da stehen mit Friedwald und Ruheforst vor allem die Anbieter von Waldbestattungen im Fokus, nicht minder die Reedereien an Nord- und Ostsee, die ihre Schiffe mit Urnen zur Seebestattung auslaufen lassen.

Wer nicht zu den genannten Gruppen gehört, wird in diesem sogenannten Wandel der Bestattungskultur eher einen Fortschritt und eine Befreiung aus überholten Zwängen sehen. Immer mehr Menschen beklagen den *de jure* immer noch bestehenden Friedhofszwang und greifen auf die sich bietenden Alternativen der Natur- und Seebestattungen zurück. Selbst Politiker, die sich beim Thema Friedhof parteiübergreifend eher konservativ verhalten, suchen nach Wegen, um die strengen Gesetze zu lockern. Bremen war der Vorreiter und hat das Verstreuen der Asche im eigenen Garten unter bestimmten Voraussetzungen erlaubt. Es ist also tatsächlich etwas im Wandel. Was ist geschehen?

Statistiken belegen, dass sich das Verhältnis von Erd- zu Feuerbestattungen von etwa 70 zu 30 in den vergangenen 25 Jahren ziemlich genau umgekehrt hat. Dabei hat sich diese Tendenz zur Feuerbestattung lautlos und unaufgeregt vollzogen.

Reiner Sörries wurde 1952 geboren und ist seit 1994 Professor für christliche Archäologie und Kunstgeschichte an der Theologischen Fakultät der Universität Erlangen. Seit 1992 ist er Geschäftsführer der Arbeitsgemeinschaft „Friedhof und Denkmal" und Direktor des Zentralinstituts und Museums für Sepulkralkultur in Kassel. Zu seinen Buchveröffentlichungen gehört: Herzliches Beileid. Eine Kulturgeschichte der Trauer, Darmstadt 2012.

Freilich fließen nun die im Gebiet der ehemaligen DDR deutlich höheren Anteile der Feuerbestattung, die regional 90 Prozent und mehr betragen können, in die Statistiken mit ein. Doch auch die Krematorien in den alten Bundesländern verzeichnen deutliche Zuwächse. Man kann darüber spekulieren, ob mit dem Beitritt der DDR zum Geltungsbereich des Grundgesetzes der Bundesrepublik Deutschland ein Säkularisierungsschub verbunden war. Auf jeden Fall würde das als Erklärung nicht ausreichen.

Wachsende gesellschaftliche Mobilität seit den Achtzigerjahren

Die Gründe liegen tiefer und reichen bis in die Achtzigerjahre zurück. Seit dieser Zeit hat die Nachfrage nach alternativen Grabstätten zugenommen, da eine wachsende Zahl von Angehörigen die Grabpflege nicht mehr übernehmen konnte oder wollte. Das hat weniger mit einem Pietätsverlust zu tun als mit der wachsenden gesellschaftlichen Mobilität.

Die geographische Distanz erlaubte eine Grabpflege nicht oder ließ sie nicht mehr sinnvoll erscheinen für den, der das Grab aufgrund der Entfernung ohnehin nicht mehr besuchen konnte. Auch finanzielle Fragen hielten Einzug in die Überlegungen zur Grabwahl. Wie wichtig ist ein Grab für die Trauer? Gibt es einen reellen Kosten-Nutzen-Faktor zwischen den Aufwendungen und dem Ertrag für die Trauerarbeit? Angesichts einer über Generationen tradierten Bestattungskonvention war das Kalkül der vernünftigen Überlegung etwas Neues. Die Friedhofsverwaltungen reagierten auf diese Bedürfnisse mit dem Angebot der sogenannten anonymen Beisetzung unter der grünen Wiese, noch nicht wissend, wie erfolgreich es sein würde. Spätestens seit der Jahrtausendwende besteht die Sorge um ungenutzte Friedhofsflächen – nahezu alle Friedhöfe sind heute zu groß.

Man hat heute also eine Wahl, man kann über Bestattung und Grabwahl nachdenken, und man darf wieder über den Tod sprechen. Die Ursachen für diesen Wandel sind ebenfalls in den Achtzigerjahren zu verorten. In dieser Zeit entstand in Deutschland die Hospizbewegung, die sich zu einer segensreichen Institution für schwerstkranke und sterbende Menschen entwickelte und die Themen Sterben, Tod und Trauer in die Gesellschaft trug.

Zur selben Zeit schlossen sich Mütter und Väter zusammen, denen es bis dahin verwehrt war, ihre nicht lebensfähigen Frühgeburten unter 1000 Gramm zu bestatten. Sie forderten ein Recht auf Trauer für diese kleinsten Toten ein, wollten ihnen einen Namen geben und sie in Gräbern bestatten, statt mit dem Klinikabfall entsorgen zu lassen.

Beide Initiativen entstanden unabhängig voneinander und erreichten es, den Tod zu enttabuisieren. Als Sterben und Trauer immer häufiger in den Medien thematisiert und sogar von Kabarettisten auf die Bühnen geholt wurden, schien der Tod sogar ins Unterhaltungsfach zu wechseln. Seit Mitte der Neunzigerjahre erhält man bei einer Internetrecherche zum Stichwort Tod ähnlich viele Treffer wie bei „Sex" oder „Liebe".

Mit der Möglichkeit, sich im Internet umfassend über Friedhöfe, Bestattungsinstitute, Selbsthilfegruppen oder Trauerportale zu informieren, entwickelten Angehörige von Verstorbenen eigene Bestattungskompetenz, die bis dahin fast ausschließlich beim Bestatter lag. In der Konsequenz resultierte daraus eine Bandbreite von der stillen, anonymen Bestattung bis zum Trauer-Event mit Jazzkapelle, einem Glas Prosecco am Grab und roten Luftballons.

Als die Medien die Veränderungen wahrnahmen, galt ihre Aufmerksamkeit diesen Extremen. Bei der Beurteilung der heutigen Bestattungskultur übersieht man deshalb häufig, dass ein Großteil aller Bestattungen immer noch in herkömmlichen Bahnen verläuft. Um das Grab versammelt sich eine kleinere oder größere Trauergesellschaft, in der Regel dunkel oder mit gedeckten Farben bekleidet, ein Geistlicher – oder inzwischen auch einmal eine weltliche Trauerrednerin – spricht die letzten Worte. Der Sarg oder die Urne wird ins Grab versenkt, und man verabschiedet sich mit einer Schaufel Erde oder einem Blumengruß.

> **Ein Großteil der Bestattungen heute verläuft noch immer in herkömmlichen Bahnen.**

Wie es in den Menschen aussieht, lässt sich an ihrem Verhalten oft nicht ablesen. Doch lehrt die Erfahrung, dass das Spektrum weit ist und von tiefer emotionaler Erschütterung bis zum stillen Einverständnis mit dem Tod reicht. Wurde ein Mensch mitten aus dem Leben, aus dem Beruf, aus seiner Familie oder einer Liebesbeziehung gerissen, ist die Trauer nicht anders als vormals. Die Hinterbliebenen versuchen, die Art der Trauerfeier, der Bestattung und des Grabes zum Teil ihrer Trauerarbeit werden zu lassen. Immer mehr Menschen sterben in hohem Alter. Sie sind meist schon zu Lebzeiten seit Eintritt in den Vorruhestand, anlässlich runder Geburtstage jenseits der 60 oder beim Umzug ins Seniorenstift so oft verabschiedet worden, dass sie und ihre Angehörigen sich auf den Tod eher einstellen konnten. Wenn Menschen ihr hohes Alter in Einsamkeit erreicht haben, ist dagegen oft niemand mehr da, der um sie trauert.

Auch die Ordnungsämter der Kommunen verzeichnen einen Wandel der Bestattungskultur: Immer öfter müssen sie im Zuge der sogenannten Ersatzvornahme die Bestattung veranlassen. Sie tun es in der Regel mit einem möglichst geringen Aufwand, der den Haushalt finanziell möglichst wenig belastet.

Jene Menschen, die den Tod eines Angehörigen als schmerzlichen Verlust erleben und erleiden, haben einen Lernprozess durchlaufen. So wenig der Tod noch ein Tabu ist, so sehr hat sich die Trauer aus einer gesellschaftlich gebotenen Zurückhaltung heraus emanzipiert. Sie darf nun sogar für sich beanspruchen, ein sinnvoller Lebensabschnitt zu sein, der gefüllt und gelebt werden darf. Die Eltern verstorbener Kinder haben es vorgemacht.

Die Wald- und Naturbestattungen, die es seit 2001 gibt, erscheinen vielen Menschen als Ideal. Diese Form der Bestattung entspricht dem Wunsch nach pflegelosen Gräbern. Die Natur übernimmt hier die Grabpflege, wie die Anbieter gerne betonen. Die Beweggründe für ein Grab im Wurzelwerk alter Bäume liegen aber tiefer.

Der Wald und überhaupt die Natur sind positiv konnotiert und scheinen dem zu entsprechen, was man „letzte Ruhe" nennt. Zieht es Großstädter in ihrer Freizeit zur Erholung in die Natur, erscheint sie ihnen im Fall des Todes ebenso als angemessen. Bei einer eher naturwissenschaftlichen Weltsicht muss einem die Vorstellung, der Verstorbene hätte etwas von seinem Grab in einer schönen Umgebung, zwar unvernünftig vorkommen, aber Trauer ist unvernünftig und gebärdet sich mitunter kitschig.

Trauernde besteigen wacklige Ballons und heben in die Lüfte ab, um aus großer Höhe die Asche des geliebten Menschen zu verstreuen. Oder sie reisen in die Berge, um die Asche einem rauschenden Gebirgsbach zu übergeben.

Es gehört zur heutigen Bestattungsvielfalt dazu, dass mit der hygienisch unbedenklichen Asche alles getan werden kann. Eine lauernde Bestattungsindustrie versucht, durch immer neue Angebote anderwärts verlorenes Terrain, etwa am teuren Eichensarg für Erdbestattungen, wettzumachen. Das Trauerverhalten entwickelt sich im Gleichklang der alten marktwirtschaftlichen Grundsätze von Angebot und Nachfrage, wobei die Angebote durchaus kreativer sind als die Nachfragen.

Schicksalsgemeinschaften lösen Familien bei der Grabpflege ab

Den Wünschen trauernder Eltern entsprechend sind auf vielen Friedhöfen Gemeinschaftsgräber für Früh- und Totgeburten entstanden, oft künstlerisch gestaltet und liebevoll gepflegt. Zwar bleibt ein Grab ein Ort des Todes, aber in der Gemeinschaft mit anderen Eltern erfahren die Betroffenen eine durchaus tröstende Solidarität.

Blickt man in die Zukunft, so werden die Gemeinschaftsgräber generell die herkömmlichen Reihen- und Familiengräber ablösen. Wo keine Verwandten

KULTUR

sind, werden es Gruppen sein, die Bestattung und Grabpflege organisieren. Das geschieht etwa in Schicksalsgemeinschaften, die im Sinne einer Wahlfamilie die biologische Familie ablösen, die bis dahin für die Totenfürsorge zuständig war.

Zu den frühen Schicksalsgemeinschaften, die die Bestattungs- und Trauerkultur verändert haben, gehörten die Aids-Kranken, die fürchten mussten, dass ihre Angehörigen sie nicht bestatten würden. 1992 entstanden in Hamburg die ersten Aids-Gemeinschaftsgrabstätten, um die sich die Mitglieder einer Selbsthilfeeinrichtung kümmern. Aus der Notlösung wurde ein Programm: Gräber von HIV-Erkrankten sind inzwischen in vielen Städten ein Bekenntnis zur eigenen, oftmals schwulen Identität.

Wo die Zugehörigkeit zu einer Gruppe für den Lebensentwurf wichtiger ist als die Herkunft aus einer Familie, entsteht der Wunsch, dieser Gruppe über den Tod hinaus anzugehören. Dies mag für Außenstehende skurrile Formen annehmen, wenn es etwa – wie schon lange in England – nun auch in Deutschland eigene Gemeinschaftsgrabanlagen für Fußballfans des HSV oder von Schalke 04 gibt. Für die Fan-Gruppen, für die oftmals der Verein „ihr Leben" darstellt, bedeutet diese Form der Bestattung die Festigung der eigenen Identität über den Tod hinaus.

Die gruppen- und geschlechtsspezifische Bestattungsfürsorge wird zunehmend die Familien und Angehörigen ablösen. Grabstätten werden immer seltener wohnorts- oder familienbezogen sein, und auch die Trauerarbeit wird immer mehr gruppenbezogen erfolgen. Für die Schicksalsgemeinschaft der Eltern von Totgeburten hat sich das „Worldwide Candle-Lighting" als kollektiver Gedenktag etabliert; die Aids-Community trauert um ihre Toten am Welt-Aids-Tag.

Diese Gedenkformen erinnern an die christlichen Totengedenktage von Allerseelen und Totensonntag. Auch religionsbezogene Trauerformen werden ihren Stellenwert nicht verlieren. Hierzulande lebende Muslime pflegen ihre kulturellen Traditionen, daneben gibt es inzwischen Friedhöfe für Buddhisten und Hindus.

Die christlichen Kirchen stellen sich vermehrt auf die gewandelten Bedürfnisse ein. Seit 2005 entstehen in manchen Diözesen und evangelischen Gemeinden sogenannte Urnenkirchen, die über mangelnde Nachfrage nicht klagen müssen.

Zudem entdecken die Gemeinden ihre Verantwortung für die Trauerpastoral und machen sie bisweilen sogar zum Zentrum ihrer Gemeindearbeit: Sie kümmern sich um die Verstorbenen von Randgruppen und pflegen die Gräber von Vergessenen. Kirchliche Hospize bieten für ihre Bewohner sogar eigene Gemeinschaftsgräber an. Dieser Wandel der Bestattungskultur vollzieht sich allerdings viel stiller und mit weniger Medienaufmerksamkeit als die extremen Formen der eventartigen Bestattung.

Der Säkularisierungsschub hat nicht zu einer Vernachlässigung oder gar zu einem Verlust der Trauerkultur geführt. Vielmehr gewinnen selbst religiös nicht gebundene Menschen einer Art Transzendenz jenseits des Todes neue Aspekte ab. Der inzwischen viel zitierte Erinnerungsdiamant steht dafür, dass die sterblichen Überreste eines Verstorbenen mehr bedeuten als ein Häuflein Asche. Selbst ohne christliche Hoffnung auf Auferstehung bleiben die Toten gegenwärtig und haben mit den Hinterbliebenen eine gemeinsame Zukunft. So bleiben der Verstorbene, als Diamant im Ring gefasst, und der Fußballfan auf dem Fan-Friedhof in Verbundenheit mit ihrer Gemeinschaft. Den Verantwortlichen in Theologie und Kirche ist mehr Mut und Fantasie zu wünschen, den letzten Dingen neue Aufmerksamkeit zu widmen. ■

Grablegung
Michael Triegel, 1995 © VG Bild-Kunst, Bonn 2017

LITERATUR

Leben, lieben und sterben in Thea Dorns Roman „Die Unglückseligen"

Lob der Sterblichkeit

Das biotechnische Streben nach einem unendlich verlängerten Leben gleicht einer Umkehrung der biblischen Schöpfungsgeschichte. Das zeigt sich in Thea Dorns jüngstem Roman. Am Ende wächst die Sehnsucht nach einem „süßen Tod". **VON THOMAS BROSE**

Ritter, Tod und Teufel – das sind „Hauptfiguren" in *Thea Dorns* kühnem Roman „Die Unglückseligen". Und weil die Autorin den Faust-Stoff für unsere Zeit dramatisiert, kommt auch hier ganz zum Schluss der Fürst der Unterwelt in einem „Nachspiel" zu Wort. Was dieser technikaffine Teufel zu verkünden hat, ist nichts weniger als eine der Bibel entgegengesetzte Schöpfungsgeschichte: eine genoptimierte Genesis, in der sich die Menschheit anschickt, die eigene Kreatürlichkeit abzustreifen, um damit auch die Erinnerung an den zu tilgen, der sie einst ins Leben rief. „Dort", so der Diabolos in Blick auf bio-, nano- und neurotechnische Optimierungsprogramme, „seh ein Heer von Menschen ich, das höchste Lust an den Maschinen. Verschmelzen werden sie damit, und dann, mein HErr, heißt's *a-di-eu*. So wahr DU mich zu Fall gebracht – entfesselt werd ich sein aufs Neu'! Mein Reich, das alles übertrifft, was je zu träumen DU gewagt; mein Reich, das alles übersteigt, was je zuvor der Mensch vollbracht – in Schönheit, Glanz und Kälte bricht es an."

Schönheit, Glanz und eine gewisse Kälte umgeben auch Johanna Mawet. Sie ist die aus Deutschland stammende Protagonistin von Dorns utopischem Drama. Die Humangenetikerin gehört zu den Besten der Besten. An der amerikanischen Ostküste – wo sonst auf der Welt? – forscht sie deshalb in einem Hochleistungslabor der Reproduktionsmedizin, um den Mechanismus biologischer Alterung zu entschlüsseln und dann nach Bedarf abzuschalten. Die ehrgeizige Wissenschaftlerin möchte hoch hinaus: Was zuvor dem Glauben vorbehalten blieb – nämlich ewiges Leben zu verkünden – hat sie sich auf ihre Fahne geschrieben. „Regenerationsfähigkeit von Lebewesen" lautet daher Johannas großes, religiös aufgeladenes Forschungsthema. Deshalb ist es mehr als ein Zufall, dass sie mit dem alterslosen John ins Gespräch kommt, aber dann nicht glauben kann, was dieser von Begegnungen mit bedeutenden Persönlichkeiten faselt: „Ich war berühmt! Herder, Humboldt, Schlegel, Arnim, Brentano, der Herzog von Gotha – allesamt haben sie mich bewundert!" Erst eine DNA-Analyse bringt Verstörendes, ja Wundersames zutage: Der Mann, der aushilfsweise im Supermarkt jobt, entpuppt sich als Träger einzigartiger Erbanlagen; er verfügt anscheinend über ein Unsterblichkeits-Gen – und ist niemand anderes, als der 1776 geborene schlesische Pfarrerssohn *Johann Wilhelm Ritter*, der seinerzeit mit galvano-elektrischen Experimenten am eigenen Körper Aufsehen erregte.

Damit prallen – so Thea Dorns kühne Konstellation – mit Johanna und Johann zwei Zeitalter aufeinander: Ein Naturphilosoph der Goethezeit begegnet einer Spitzengenetikern der Gegenwart. Einer, der lebensmüde, aber bisher erfolglos, nach 200-jähriger Odyssee durch Raum und Zeit nichts mehr ersehnt als Sein zum Tode und ewigen Frieden, trifft auf eine Lebenswissenschaftlerin, die den Tod endgültig abzuschaffen gedenkt.

Im Medium der Literatur spiegelt die Autorin damit etwas, wozu eine von langwierigen Ethikdebatten erschöpfte Gesellschaft kaum noch in der Lage zu sein scheint. Denn längst herrscht großes Unbehagen auszusprechen, was gut oder böse, was richtig oder falsch ist. Im Glanz dessen, was der Mensch seit der Jahrtausendwende genetisch weiß und kann, erscheint es zunehmend als Kränkung, Körper und Geist – wie der Schöpfer am Anfang aller Tage – noch nicht nach eigenem Bild, Maßstab und Zweck formen zu können. Aber wer den *homo sapiens* immer stärker verdinglicht, objektiviert, aus existentiellen Bezügen löst und als biotechnisch machbar definiert – das wird bei der Lektüre deutlich – für den erweist sich am Schluss nichts mehr als heilig. Solche Heiligkeit beruht nicht auf biblizistischen oder kirchenamtlichen Vorgaben, sondern ist dem Menschen inhärent: als unverlierbare Würde.

Der Weg „zurück zur Natur" ist versperrt

Mit sicherem Gespür für geschichtliche Größe lud *Bill Clinton* im Jahr 2000 die beiden Protagonisten des Humangenomprojekts, den Genomgroßunternehmer *Craig J. Venter* und *Francis Collins*, die sich zuvor einen erbitterten Wettkampf um die Entzifferung des Erbguts geliefert hatten, ins Weiße Haus ein, um einen „Jahrhunderttag" zu begehen. Gemeinsam mit dem amerikanischen Präsidenten verkündeten die Forscher die Entschlüsselung jener drei Milliarden DNA-Bausteine, die als genetischer Code mit den Buchstaben A, C, T und G humanes Leben bestimmen. Seit jenen ersten, noch unsicheren Leseübungen hat die Entzifferung des menschlichen Genoms riesige Fortschritte gemacht. Ein schlichtes „Zurück zur Natur", das ist klar, kann es unter solchen Umständen nicht mehr geben. Denn wir leben

Thomas Brose wurde 1962 geboren und ist Religionsphilosoph. Er studierte Theologie und Philosophie in Erfurt, Berlin und Oxford, war Bildungsreferent der Katholischen Hochschulgemeinde Berlin, danach Koordinator für Religion und Wertorientierung bei der Konrad-Adenauer-Stiftung. Er ist Mitglied der Europäischen Akademie der Wissenschaften und Künste und koordiniert das Projekt „Konfession-Bildung-Politik" am Lehrstuhl für Fundamentaltheologie und Religionswissenschaft an der Universität Erfurt.

in einer Welt, deren Entwicklungsschritte längst nicht mehr naturnotwendig ablaufen, sondern sich fortwährend menschengemacht beschleunigen. Mittlerweile ist der *homo sapiens*, der historisch erst spat, namlich als Ackerbauer und Viehzüchter, damit begann, vorausschauend zu handeln, existentiell darauf angewiesen, seine Zukunft zu planen und ethisch vorwegzunehmen, damit er nicht hoffnungslos unter die Räder gerät. Wo früher noch stockend buchstabiert wurde, kann der Text des Genoms seit 2012 mit der Gen-Schere regelrecht zugeschnitten werden. Revolutionäre Techniken wie die preiswerte und präzise Methode CRISPR/Cas erlauben es, die Dokumente des Erbguts gezielt zu korrigieren und umzuschreiben (vgl. HK, Mai 2016, 23–26). Für die radikale genetische Veränderung von Pflanzen, Tieren und Menschen wurde in Analogie zur Herausgabe eines Buchtextes der Begriff *genome editing* (Genom-Editierung) eingeführt.

Angesichts solcher Möglichkeiten plädieren die Lebenswissenschaftler der Leopoldina für einen einschneidenden biopolitischen Kurswechsel; sie fordern, das seit 1. Januar 1991 geltende Embryonenschutzgesetz so zu ändern, dass Forscher und Bioingenieure auch in Deutschland mit „überzähligen" menschlichen Embryonen experimentieren können: „Forschung an Embryonen lässt sich nicht mit der ethischen Position eines absoluten Embryonenschutzes vereinbaren, wie sie bisher im Embryonenschutzgesetz postuliert wird. (…) Eine eng begrenzte Weiterentwicklung des geltenden Rechts (…) würde es ermöglichen, dass Deutschland sich nicht nur an der entsprechenden internationalen Forschung selbst, sondern auch an der internationalen Gestaltung der (rechts-)ethischen Rahmenbedingungen dieser Forschung und damit an völlig neuen Behandlungsmöglichkeiten genetischer Erkrankungen beteiligen kann."

Zu den kaum je zu vergessenden Passagen von „Die Unglückseligen" zählt die sarkastische Schilderung jener Zusammenkunft, von der sich eine ganz spezielle Klientel angesprochen fühlt. Diverse Elite-Forscher mit Genomkompetenz haben sich versammelt, um alle Kräfte im Kampf gegen die Begrenztheit des Lebens zu bündeln: beim „Siebten Weltkongress der Immortalisten". Voller Verachtung für alles Schwache und Kranke werden dort allerneueste Unsterblichkeits-Konzepte präsentiert. So verkündet der selbsternannte „König der Immortalisten", dass die klügsten Köpfe aller Kontinente kurz davor stünden, den Tod endgültig abzuschaffen. „Betrachtet sie ein letztes Mal, diese grausamen Bilder, diese unmenschlichen Bilder, von denen uns die Fatalisten, die Morbiden, die Todesanbeter einreden wollen, sie seien unabänderlich, weil sie den ‚Lauf der Natur' zeigten. Doch wir, die Transhumanisten, die Lebensfreunde, die Todfeinde, wir wissen es besser."

Angesichts des makabren Kongresses stellt Ritter fest, dass Dr. Johanna Mawet, die eigentlich ihren großen Auftritt haben sollte, auf das pseudoreligiöse Bekenntnis zur Unsterblichkeit plötzlich verhaltener reagiert. Stille Übereinstimmung liegt in der Luft, ehe Johanna kontert: „Sie müssen sich schon entscheiden, ob sie lieber wie Darwin oder wie ein Evangelikaler klingen wollen." Beide reisen von da ab gemeinsam. Als seltsames Paar mit einem Altersunterschied, der sich nicht nach Jahrzehnten, sondern Jahrhunderten bemisst, setzen sie ihren Weg gemeinsam fort; sie gelangen schließlich nach Deutschland. Tatsächlich erhält dort das Motto „Komm, süßer Tod" für Mawet und Ritter einschneidende Bedeutung.

> Wahre Liebe weiß, dass der Leib mehr ist als Materie. Er ist Ausdruck beseelter Kreatürlichkeit.

Denn das, was Johanna in einem ersten Glücksgefühl für eine Schwangerschaft hielt, erweist sich als Irrtum. „Herr Mawet, oder wie immer Sie heißen (…) Ihre Frau ist nicht schwanger. In Ihrer Frau wächst ein äußerst aggressives Uteruskarzinom". Mit dieser infausten Prognose werden die beiden Unglück-Seligen aber auch zu dem, was ihnen kein Tod mehr nehmen kann: eines der außergewöhnlichsten Liebespaare der Literaturgeschichte. Paradoxerweise ist es am Ende wirklich ein süßer Tod, der beide nach Kleist'schem Muster verbindet – damit verknüpft ist die Bejahung eigener Geschöpflichkeit, die sterbliche Existenz nicht als gescheitert, sondern als selig erscheinen lässt.

Tatsächlich ist in „Johanna/Johann" – hebräisch für „Gott ist gnädig" – namenstheologisch von Anfang an alles enthalten, was es zu wahrer Liebe braucht: nämlich zu bejahen, dass der Leib mehr ist als bloße Materie, nicht nur leere Hülle, sondern Ausdruck beseelter Kreatürlichkeit. Im Buch Genesis heißt es bekanntlich: „Gott schuf also den Menschen als sein Abbild; als Abbild Gottes schuf er ihn. Als Mann und Frau schuf er sie" (1,27). Und Johanna, die am Anfang gegen ihr eigenes Sein und ihren Namen „Mawet" (hebräisch für Tod) rebelliert, macht am Ende Frieden mit der eigenen Leiblichkeit; diese wird zum Hinweis auf den Schöpfer und den „Schriftsteller am Anfang der Tage" *(Johann Georg Hamann).* ■

MUSIK

Musikalische Sterbekunst bei Johann Sebastian Bach

„Mach einmal mein Ende gut"

Johann Sebastian Bach gibt auf urmenschliche Fragen musikalische Antworten, die nicht in der Immanenz stecken bleiben, sondern über die Epochen hinweg Horizonte eröffnen. Die Themen sind: Relativierung der Welt, Verheißung des Paradieses, Geleit der Engel, Furcht und Hoffnung. Der Tod ist der „süße Tod" und „Schlafes Bruder". **VON MEINRAD WALTER**

Gegen Ende des Mittelalters wimmelte es von anonymen Schriften mit dem Titel ‚Die Kunst zu sterben'. Ihr Erfolg war ungeheuerlich groß. Kann ein solches Thema heute noch jemanden rühren?" So fragt der rumänisch-französische Skeptiker *Emile Michel Cioran* in seinen Aphorismen „Von Tränen und von Heiligen" (1937). Seine Antwort fällt zunächst verhalten aus. Erst wenn Musik, Mystik und vor allem *Johann Sebastian Bach* ins Spiel kommen, wendet sich das (Noten-) Blatt. Wohl nicht nur Cioran sucht seine Zuflucht bei der Tonkunst mit der Begründung: „Nur die Musik gibt uns endgültige Antworten". Vielleicht auch auf die Fragen nach Sterben, Tod und Vollendung?

Das krasse Gegenteil einer solchen, letztlich kunstreligiösen Auffassung, die Bachs Werke gar als musikalischen „Gottesbeweis" apostrophiert, ist die religionskritische Position, die aber beim Thema Musik noch nie besonders laut war. Eine vollmundige Ausnahme ist der Schriftsteller *Wolfgang Hildesheimer.* 1985 hat er sich dem „fernen Bach" gewidmet, um dabei auch dessen musikalische Sterbekunst ideologiekritisch zu entzaubern: „Die Trostlosigkeit des Erdendaseins wird in unzähligen Varianten wiederholt (…) und manch einem armen unglücklichen Büßer war die Suggestion, dass die Erde ein Jammertal sei, ein tiefer Trost, denn hier wurde ihm beigebracht, wie man sich auf seinen Tod zu freuen habe, da im Jenseits reicher Lohn warte, dessen vielleicht ein reicher Nachbar verlustig gehe."

Bach hätte das kunstreligiöse Lob wohl ebenso zurückgewiesen wie den religionskritischen Tadel. Die biblisch-lutherische Tradition, in der er gewirkt hat, kennt den komponierten Trost im Leben und Sterben ebenso wie die verkündigende Kraft der Musik im Dienst der Liturgie. Kantaten und Motetten stimmen ihr „Memento mori" im Rhythmus des Kirchenjahres an, damit die *Ars moriendi* ja nicht vergessen, sondern beizeiten geübt wird.

Hinzu kommt repräsentative Kasualmusik, die ihre Auftraggeber auch *post mortem* noch in den höchsten Tönen lobt und feiert. „Wie starb die Heldin so vergnügt, wie mutig hat ihr Geist gerungen" heißt es in Bachs Trauerode „Lass Fürstin, lass noch einen Strahl" (Worte von *Johann Christoph Gottsched*) auf die 1727 verstorbene Königin und Kurfürstin *Christiane Eberhardine*.

Wenn im Evangelium des 16. Sonntags nach Trinitatis die Auferweckung des Jünglings zu Nain erzählt wird, hörten die Leipziger Gottesdienstbesucher im September 1724 dazu als musikalisch-predigthafte Auslegung das große Klanggemälde „Liebster Gott, wenn werd ich sterben?" Bach beginnt mit der orchestralen Pizzicato-Imitation eines vielstimmigem Geläuts als Zeichen der flüchtigen Zeit *(chronos)* mitsamt dem in höchster Lage der Flöte immer wieder einsetzenden Gebimmel des Sterbeglöckchens *(kairos)*.

Eine hochvirtuose Arie für Bass und Flöte ist der „Weltverneinung" verpflichtet: „Nichts, was mir gefällt, besitzet die Welt". Letztlich geht es darum, die in barocken Sterbehandbüchern häufig traktierte neugierige Frage nach dem Zeitpunkt des Todes „… wenn werd ich sterben?" (Eingangssatz) hinter sich zu lassen – im Vertrauen darauf, dass die Bitte „Mach einmal mein Ende gut" (Schlusschoral) auch in der eigenen Todesstunde nicht unerhört bleiben wird.

Memento Mori und Schlummerlied

Einer der berühmtesten Beiträge Bachs zur Sterbekunst ist das komponierte Gebet „Schlummert ein, ihr matten Augen, fallet sanft und selig zu". Bach gelingt ein wiegendes Klangbild, wie ein Pastorell. Das Zur-Ruhe-Kommen „übersetzt" er in herabsinkende melodische Gesten. Vor allem aber profiliert er klanglich die Aspekte „dort" und „hier". Das Ziel ist „dort", in der himmlischen Heimat, deren Pforte der Todesschlaf ist. „Hier" jedoch, in der Welt, ist das „Elend" ein altes Wort für Exil. Musikalisch führt diese Fremde in unwegsame harmonische Regionen. Zudem pausiert hier gewiss nicht unbedacht die Streicherbegleitung.

KULTUR

Meinrad Walter
wurde 1959 geboren und ist stellvertretender Leiter des Amts für Kirchenmusik der Erzdiözese Freiburg, Honorarprofessor an der Hochschule für Musik in Freiburg und nebenberuflicher Kirchenmusiker. Zahlreiche Publikationen, Vorträge und Radiosendungen zu theologischen, liturgischen und kirchenmusikalischen Themen. 2011 erschien seine musikalisch-theologische Interpretation der Johannespassion von Johann Sebastian Bach.

Dieses Schlummerlied findet sich sowohl in der Kantate „Es ist genug" (BWV 82) als auch im quasi privaten „Notenbüchlein für Anna Magdalena Bach".

A propos Notenbüchlein: Seit Beginn der Bach-Biografik im 19. Jahrhundert fehlt es nicht an Versuchen, Bachs Werke der Sterbekunst auch in persönlichen Erlebnissen des Komponisten zu verankern – von der Kantate „Gottes Zeit ist die allerbeste Zeit" *(Actus tragicus)* des 22- oder 23-Jährigen bis zum vermächtnishaften Spätwerk der Messe h-Moll mit dem im Credo zunächst tastend-suchenden, dann jubelnden „Et exspecto resurrectionem mortuorum"; vom vertonten Psalmwort „Ach, Herr, lehre uns bedenken, dass wir sterben müssen" bis zum letzten Orgelchoral „Vor deinen Thron tret ich hiermit", den Bach noch auf dem Sterbebett einem seiner Schüler diktiert haben soll. Die Plausibilität biografischer „Engführungen" bleibt aber begrenzt. Zum einen fehlen eindeutige Belege, zum anderen ist nicht die Person Bach entscheidend, sondern sein Werk.

Im 20. Jahrhundert ist oft der Verweis auf musikalisch-rhetorische Traditionen zu hören, die in Bachs Musik sozusagen unterschwellig am Werke sind. Doch ist bei solchen Erklärungen ein wichtiger Verstehenshinweis des Dirigenten und Musikologen *Peter Gülke* immer mit in Anschlag zu bringen: „Mögen noch so viele Topoi mitspielen – die gedämpfte Innigkeit der Flöten und Gamben oder die flutende Metrik im ‚Actus tragicus' (noch vor Weimar), diskret hinterlegte Cantus firmi und die still-selige Hingebung an die ‚süße Todesstunde' bleiben neu gefunden" (Musik und Abschied, Kassel 2015, 18).

Bach kann das Thema Sterben und Tod weder denken noch komponieren ohne den Bezug zur Passion Jesu Christi *(Theologia crucis)*. Deshalb mündet die Passionsmusik immer wieder in die Frage nach dem eigenen Tod, wohingegen die Betrachtung der Vergänglichkeit gleichsam einen Anker in der Passion des Gottessohnes findet. Deutlich wird dies etwa im Choral „Wenn ich einmal soll scheiden, so scheide nicht von mir" *(Paul Gerhardt)*, einem stillen Höhepunkt in der Matthäuspassion. Gerade indem dieser vierstimmig-affektvolle Satz, etwa bei der harmonisch überaus kühn vertonten Zeile „… wenn mir am allerbängsten wird um das Herze sein", viele Hörer ergreift, lässt er zugleich offen, wer denn gemeint ist als Begleiter in der letzten Stunde.

Felix Mendelssohn Bartholdy ließ diese Choralstrophe bei seiner berühmten Wiederaufführung der Bach'schen Matthäuspassion 1829 in Berlin, also etwa hundert Jahre nach ihrem ersten Erklingen, *a cappella* vortragen – vielleicht um durch diese Reduktion eine Intensivierung zu erzielen: Hier betet die gläubige Seele im Angesicht des Todes.

„Immortal Bach"

Was hören wir, wenn wir Bach hören? Bachs ersten Hörern waren viele theologische Details aus Bibel, Gesangbuch und Katechismus vertraut, wohingegen die ambitionierte Modernität der Musik aufhorchen ließ. Heute scheint es umgekehrt: Wer die unbestrittene Qualität der Musik Bachs schätzt, wird im Hören auch mit zunächst fremden theologischen Gehalten konfrontiert. Sätze wie „Komm, du süße Todesstunde, da mein Geist Honig speist aus des Löwen Munde" (BWV 161) sind auf Anhieb kaum verstehbar. Wir sind „zu Gast in fremden Zelten" *(Fulbert Steffensky)*. Und das keineswegs ungern, weil sich textliche Gehalte auch ansatzweise über die Gesten der Musik erschließen.

> Bachs Musik ist ein „Kontrapunkt" gegen jede Vernachlässigung des „Memento mori" im Seelenhaushalt.

„Komm, süßer Tod, komm, selge Ruh" ist ein Andachtslied für Solostimme und Generalbass aus dem „Schemelli-Gesangbuch", das der Zeitzer Schlosskantor *Georg Christian Schemelli* im Jahr 1736 herausgab und an dem Bach mitgewirkt hat. Das zwischen c-Moll (Anfangsklang) und Es-Dur (Schlussakkord) changierende Sterbelied setzt mit einer melodisch abwärts gerichteten Geste zur Einladung „Komm, süßer Tod" ein, die zudem mit einer Seufzerfigur vor dem Wort „Tod" versehen ist. Die zweite Zeile „Komm, selge Ruh" klingt drängend, überdies eine Terz höher. Vor allem aber öffnet sie sich mit neuen Harmonien nach G-Dur. Das Erhoffte, die andere und bessere Welt, wird hier musikalisch zumindest als Perspektive schon Gegenwart. Die letzte Zeile „Komm, führe mich in deinen Frieden" spannt dann einen großen Bogen und akzentuiert durch Melismen die entscheidenden Worte „mich" und „Frieden". Heute ist gerade diese Musik aus Bachs Feder bei Kammerchören weltweit „in aller Munde". Denn der norwegische Komponist *Knut Nystedt* (1915–2014) hat aus der Bach-Miniatur mittels improvisatorischer Techniken ein fünfminütiges Chorstück gemacht. Auf den vierstimmigen Vortrag des Chorals erklingen dessen einzelne Zeilen „polyphon" gedehnt: Jeder Sänger entscheidet sich für sein individuelles Tempo zwischen vier und zwölf Sekunden pro Viertelnote. Dieses ist streng durchzuhalten.

Das klangliche Ergebnis sind dissonierende Überlagerungen, die schwieriger klingen, als sie sind. Wenn dann der Es-Dur-Akkord auf dem Wort „Friede" im pianopianissimo ausklingt, wirkt das wie ein musikalisches Vertrautwerden mit dem Tod – ein Bedenken, das sein Geheimnis singend und hörend umkreist, ohne es ihm entreißen zu wollen. Nach den das Stück prägenden individuellen Aktionen evoziert der Schluss überdies Gemeinschaft: ohne Kirche, aber untereinander, zwischen Interpreten und Publikum, und nicht zuletzt mit Bach. „Immortal Bach" (1988) ist mehr Option als Opus: ein einziges Notenblatt mit Bachs Chorsatz und darunter fünf aufführungspraktischen Hinweisen. Am Ende notiert Nystedt: Das Schlusswort Friede „vereint den gesamten Chor wieder und wird sehr lang ausgehalten. Das Stück muss sehr selbstbewusst musiziert werden, damit seine Wirkung zum Tragen kommt." Nystedt nimmt kompositorisch Zuflucht im Zitat des Bach-Chorals, um so dessen heutige Aneignung mit durchaus schlichten Mitteln der chorischen Improvisation zu inszenieren. Das Fazit heißt: Gerade indem er den Tod bedenkt und musikalisch begrüßt, wird der Thomaskantor unsterblich: „Immortal Bach".

„O Ewigkeit, du Donnerwort" (BWV 60) ist nicht die berühmteste Bach-Kantate, aber die mit der bedeutendsten Wirkungsgeschichte im 20. Jahrhundert. Bach komponierte 1723 diesen „Dialogus zwischen Furcht und Hoffnung". Die beiden „Seelen in meiner Brust" streiten sich in einem poetisch-musikalischen Dialog, der jedoch neben der im Barock allgegenwärtigen Todessehnsucht andere Töne kennt. „Der Tod bleibt doch der menschlichen Natur verhasst und reißet fast die Hoffnung ganz zu Boden", bekennt die Furcht ehrlich. Nachdem Bach die beiden Protagonistinnen bald in eine Art „Patt-Situation" hinein manövriert hat, kommt eine dritte Stimme ins Spiel mit der biblischen Botschaft „Selig sind die Toten, die in dem Herrn sterben von nun an …".
Es ist die Vox Christi, unter deren Eindruck die Furcht ihren Schrecken verliert und zumindest zitathaft-fragend eine neue Perspektive findet: „Soll ich von nun an selig sein?" Der berühmte vierstimmige Schlusschoral „Es ist genug, so spanne mich doch aus" ist textlich ganz der Hoffnung verpflichtet. Die Furcht scheint endgültig überwunden. Bach aber komponiert diese Strophe als Integration von Furcht und Hoffnung, indem er ein letztes Mal mit überbordenden Chromatismen auch an den „großen Jammer" erinnert.

Etwa 200 Jahre nachdem Bach diese Sterbekantate mit einer Liedstrophe, also in der musikalischen „Muttersprache" der lutherischen Gemeinde, beschlossen hat, greift *Alban Berg* ebendiesen Choral in seinem „Dem Andenken eines Engels" gewidmeten Violinkonzert auf. Bei Berg wird die Strophe – nach einem mit allen Mitteln der Musik gezeichneten Todeskampf der jungen *Manon Gropius* – zur Chiffre von Transzendenz. Der Choral bringt jene religiöse Botschaft ins Spiel, die in eigener Sprache und Tonsprache nicht mehr gesagt werden kann und doch nicht verstummen darf. Was Berg und Bach verbindet, ist der Gedanke, dass Lebens- und Sterbekunst im Einüben der Möglichkeit besteht, einmal das „Es ist genug" sagen und erleben zu können.

Hörend verstehen, verstehend hören
Ganz anders geht *Bernd Alois Zimmermann* 1972 mit demselben Choral um. Am Ende seines letzten vollendeten Werkes „Ich wandte mich und sah an alles Unrecht, das geschah unter der Sonne" (Ekklesiastische Aktion), intonieren Blechbläser den Beginn des Bach'schen Choralsatzes. Ein Paukenschlag beendet das Zitat, bei dem schon Berg hoffend Zuflucht genommen hatte, jäh und unvermittelt, so dass die Botschaft „… mein Jesus kömmt, nun gute Nacht, o Welt" nicht mehr erklingt. So wird der eschatologisch-positive Gehalt geradezu unterdrückt zugunsten eines apokalyptischen Szenarios mit Klängen der Blechbläser. Ist Bachs Botschaft noch gültig, wenn Todessehnsucht ohne Auferstehungshoffnung das letzte Wort behält? Wohl kaum. Aber der Bach-Choral muss zitiert werden, um die letzten Fragen aufwerfen zu können, die bei Zimmermann ohne Antwort bleiben. Es sei denn, man versteht seinen Freitod wenige Tage nach dem Abschluss dieser Partitur als eine Antwort.
Was fasziniert an Bach und seiner musikalischen *ars moriendi*? Zunächst ist wichtig, dass er dem Thema Sterben, Tod und Hoffnung auf Vollendung nicht aus dem Weg geht. Seine Musik ist ein „Kontrapunkt" gegen jede Sprachlosigkeit und Vernachlässigung des *memento mori* im Seelenhaushalt. Indem dieses Thema Klang wird, entwirft Bach große Bilder, die mit emotionalen und rationalen Farben gemalt sind. Immer sucht er die Einheit der nur scheinbar gegensätzlichen, in Wirklichkeit aber einander ergänzenden Aspekte: Lebenslust und Sterbekunst, Leid und Trost, Furcht und Hoffnung, letztlich sogar Zeit und Ewigkeit, irdisch und himmlisch. „Transzendenz" könnte hier ein wichtiger Schlüsselbegriff sein. Denn bei aller Zeitgebundenheit im Einzelnen gibt Bach auf urmenschliche Fragen musikalische Antworten, die nicht in den Bezirken der Immanenz stecken bleiben, sondern sogar über die Epochen hinweg Horizonte eröffnen. Solche Themen und Gesten heißen Relativierung der Welt, Verheißung des Paradieses, Geleit der Engel, Furcht und Hoffnung, der Tod als „süßer Tod" und „Schlafes Bruder".

Wer einzelne Sätze im Bach'schen Kantatenwerk nur isoliert betrachtet, mag viel Anstößiges finden. Von der merkwürdigen Begrüßung „Willkommen! will ich sagen, wenn der Tod ans Bette tritt" bis zur weltflüchtigen Geste „Gute Nacht, du Weltgetümmel! Itzt mach ich mit dir Beschluss. Ich steh schon mit einem Fuß bei dem lieben Gott im Himmel" (BWV 27). Doch Bachs Welt ist „polyphon". Ein Schlüssel zum Verstehen liegt in der psychologisch-geistlichen Dramatik. Immer geht es um eine Entwicklung und Einübung, theologisch also um den Glaubensakt und nicht nur um Inhalte des Glaubens. Deshalb kann die Arie „Ich freue mich auf meinen Tod" in der Kantate „Ich habe genug" erst am Ende stehen. Am Anfang wäre sie schlichtweg eine Überforderung. Perspektiven heutiger Aneignung Bach'scher Lebens- und Sterbekunst ergeben sich kaum theoretisch, sondern vielmehr im hörenden Mitgehen, und zwar schrittweise und höchst persönlich. Wer Bachs Musik so hörend wahrnimmt, oft zustimmend und bisweilen auch auf Distanz gehend, der wird reich beschenkt. ∎

Ein Gesang
Erweiterte Heimbringung

Fiktionale Annäherung einer Schriftstellerin an das Thema Sterben und Tod. **VON LYDIA HAIDER**

Weil der Vater uns eines Abends sagte, es käme die Reichsflugscheibe uns zu holen, uns zu entrücken, denn es ist eine böse Zeit, denn das Ende hat seine bestimmte Zeit, wir müssten jetzt mehr Pulverchen nehmen, uns zu stärken vor dieser finalen Sache, da aßen wir unbedarft das Mittel und tranken viel nach und schauten mit großen Augen, setzten uns wieder auf die Hollywoodschaukel unter die Trauerweide, hörten schaukelnd ihr metallisches Quietschen und sahen den Papierschiffchen am Bächlein nach, und er sagte: „Gießt das Balkonkraut und ein letztes mal euren Graskopf, zieht die Schuhe an, nicht die Nike, gebt der Babykatze Futter, macht noch ein paar Stirnreihen, flott, geht ins Trampolin, parkt auch den e-Scooter, ja machet euch bereit meine Kinder." Und wie wir schauten in diese 12-strängigen Augen, glänzend blau wie die Donau. Und wir stimmten ein Lied an, während wir dies alles verrichteten und zusammensuchten im Schlösschen unser Pack, dass wir nicht verlieren, was wir erarbeitet, sondern vollen Lohn empfangen, und sangen den Sang: „Wo geht es hin im schönen Wien, was wird es sein mim Papilein, wo fahrn wir hin im schönen Wien, geht es gar weg und nimmer heim?"

Und Herr Vater stieg in seine schönste Wichs und hängte die Insignien an, da wir schauten auf die Tabletten in Händen, und dass wir die Fische füttern sollen, hat er nicht gesagt, und brav leckten wir über die Handflächen, und er nickte, wie ein Vater nickt, wenn er es für richtig hält, ja alles, was der Vater gibt, das kommt zu uns und an, und er machte uns noch einen kleinen Aderlass über der Schüssel. „Aber geht nicht mehr aufs Klo", sagte er, und artig nickten wir und sahen aus dem Fenster in die gute Landschaft hinein, über die heiße Stadt, und die festlichen Grillereien der Anrainer schickten Düfte zu uns, und da kam Verachtung und Schmach mit Hohn. Als es schon läutete an der Tür. Würde das der Pilot sein? Oder ein Gott? Und rasch standen wir in Reih und Glied neben der Garderobe, wie wir Kinder in diesem Geschlechte waren, das Gepackte bei uns, und wir zitterten ein bisschen, heimlich unsre Hände suchend, und Hände auf Hände breiteten sich also über uns, dass unser Kinder Leib warm ward, leise singend das Lied: „Wo geht es hin im schönen Wien, was wird es sein mim Papilein, wo fahrn wir hin im schönen Wien, geht es gar weg und nimmer heim?"

Und als es geläutet und wir so bereitgestellt, war es sehr still, und es warf sich der Vater auf ein Knie und zog die Flasche aus der Brust, leerte sie mit strengem Blick gerichtet in eine Weite, und unsere Augen wollten ihn schauen, noch tropfend aus der geöffneten Hand, ja die Trollys waren viel zu leicht, wieviel sollte da mitgenommen sein, Stofftiere, Steinsammlung, Botanisiertrommeln, kleine Degen und Bögen, alles zurückgelassen, und wir waren nicht erfreut. Und er verkündete unsrer Sache besondere Gärung. Er wies uns auf unsere Wiedergeburt hin. Er rauchte die Zigarette stilecht wie ein Cowboy. Und dann ging er voraus, ging hin und trugs aus, und wir gingen ihm nach und summten das Lied: „Wo geht es hin im schönen Wien, was wird es sein mim Papilein, wo fahrn wir hin im schönen Wien, geht es gar weg und nimmer heim?"

Und der Vater öffnete die schwere Haustür und es stand der Mann da, der wies uns freundlich den Weg zum Transportwagen, wie im Film parkend in der blühenden Auffahrt, und viele Kinder schauten erwartungsvoll heraus und machten auf den Fensterscheiben rote Wischspuren als Zeichnungen mit den Handgelenken, und der Väter Plätze waren ganz vorn freilich, alle in ihren Kleidern stramm, das Schauen verklärt und sie lasen in den Büchern, da der gebenedeite Volkshaufen strahlte, und wir gingen durch den Garten und zum Bus hin bemerkend, dass keine Mutter drin war, und erneut sangen wir das Lied, weil es uns erhöhte: „Wo geht es hin im schönen Wien, was wird es sein mim Papilein, wo fahrn wir hin im schönen Wien, geht es gar weg und nimmer heim?"

Und da wir nun einstiegen zu setzen geheißen, die Fahrt dauerte nicht lange ohne Sprechen, und wo wir ausstiegen war es Wald und finster längst, die Väter tranken bei sich und auch sie sangen ihre bekannten und unbekannten Lieder als Anliegen auf uns werfend, während sie die Spaten aus dem Laderaum hievten, verteilt auf dieser kleinen Lichtung. Der Transporter fuhr weg, sogleich sie befahlen mit ihrem starken Mund ein Loch zu graben, ein breites und ein tiefes sagten sie an, und da der Kot sich auftat, gewiss, war es vorbei, denn alles Blut, ihr Blut, war mitgerissen, nicht nur sich selbst entzwei, und wir sahen in das dunkle Gezelt hinauf und hofften aufs Licht, doch es kam Finsternis. Aus uns fuhr es da, so grabend und mit Sang wie sie es taten, doch leise und viel drängender noch, im Eingehen in Maden und Gewürm: „Wo geht es hin im schönen Wien, was wird es sein mim Papilein, wo fahrn wir hin im schönen Wien, geht es gar weg und nimmer heim?" ■

Lydia Haider
wurde 1985 in Steyr geboren und lebt mit ihrer Familie in Wien. Sie hat Germanistik und Philosophie studiert und arbeitet an ihrer Doktorarbeit über „Rhythmische Subversion in Texten Thomas Bernhards und Ernst Jandls". 2015 erschien ihr Romandebüt „Kongregation", in dem sie sich mit der biblischen Apokalypse beschäftigt. 2016 folgte der Roman „rotten" (beide im Verlag Müry Salzmann).

KULTUR

Über Michael Triegels Ars moriendi

„Von Romantik keine Spur"

Michael Triegel ist ein Meister des Porträts und des Stilllebens. Seine Werke laden dazu ein, sich mit der Vergänglichkeit und dem Tod auseinanderzusetzen. VON GEORG MARIA ROERS

Als *Michael Triegel* von Anfang bis Mitte der Neunzigerjahre bei *Arno Rink* Malerei und Grafik an der Hochschule für Grafik und Buchkunst in Leipzig studierte, hatte er sich bereits dem Realismus verschrieben. Zehn Jahre zuvor ging auch *Neo Rauch* durch diese Schule, viel später *Tim Eitel*, 2002 einer der Mitgründer der Produzentengalerie Liga in Berlin. Anfang September starb Arno Rink. Er war einer der wichtigsten Wegbereiter der Neuen Leipziger Schule. Ob Triegel schon ein Porträt seines Lehrers in Arbeit hat? Als eine Art Einübung in die *ars moriendi* läge es nahe. Der Leser ist ebenfalls zu dieser Übung eingeladen.

Triegel ist ein Meister des Porträts und des Stilllebens. Im Französischen wird noch deutlicher, worum es geht: *nature morte*. Der schöne Klang dieses Wortes täuscht uns jedoch darüber hinweg, dass der Tod alles andere als angenehm ist. Wie man ein *nature morte* malt, hat Triegel als Meisterschüler bei *Ulrich Hachulla* gelernt. Aber geht es Triegel in seinen Gemälden um die Natur? Etwa wie bei *Philipp Otto Runge* (1777–1810), der in geradezu mystische Verzückung geriet, wenn er seine Landschaften malte: „Ich höre und fühle den lebendigen Odem Gottes, der die Welt hält und trägt, in dem alles lebt und würkt: hier ist das Höchste, was wir ahnen – Gott!"
Triegels Realismus ist von heute, und er ist härter. Von Romantik keine Spur! Ein Totenkopf in einem Karton auf einem dicken Brett, das Ganze mit einer Zeichnung aus der Antike versehen, das ist eine andere Bildsprache. Ein Totenkopf schockt keinen Zeitgenossen mehr, denn man sieht ihn schon auf T-Shirts von Dreijährigen. Der Karton ist das eigentliche Zeichen der Vergänglichkeit, denn er vergeht sehr viel schneller als ein Schädel. Die Pakete-Herumschickerei, die angeblich alle Wünsche erfüllt, sie ist das eigentliche *memento mori*. Wer den Inhalt eines Kartons auspackt, dessen Freude hält nur kurz. Wer sich aber tiefer auf die Fragen von Tod und Vergänglichkeit einlässt, dem werden die ewigen Freuden zuteil.

Georg Maria Roers wurde 1965 geboren und ist katholischer Theologe, Priester und Lyriker. Nach dem Abitur trat er in den Jesuitenorden ein und studierte Theologie, Philosophie, Germanistik und Kunstwissenschaft. 2002 wurde er Künstlerseelsorger des Erzbistums München und Freising. Seit 2013 ist er Erzbischöflicher Beauftragter des Erzbistums Berlin für Kunst und Kultur und seit 2015 Künstlerseelsorger des Erzbistums. Er hat fünf Gedichtbände veröffentlicht, zuletzt „Wo sind wir auf der Strecke geblieben", München 2011.

Der Maler selbst hat seine Einstellung zum ewigen Leben radikal verändert. Im September 2012 sagte er der Wochenzeitung „Die Zeit": „Ich bin nach wie vor das ungetaufte Heidenkind. Ich male meine Zweifel und meine Sehnsüchte. Die Auftraggeber, die mich für diese Altarbilder haben wollten, wollten diese Zweifel und Sehnsüchte gemalt haben." Bilder sollten Fragen stellen, so Triegel, nicht Antworten geben.
Seit Ostern 2014 ist der berühmte Maler Katholik. Stellen seine Bilder nun keine Fragen mehr? Wohl kaum. Durfte Triegel die Glasfenster in der Köthener Schlosskirche nur deshalb machen, weil er sich bekehrt hat? Wohl kaum. Im Mittelfenster sehen wir Maria mit ihrem toten Sohn unter dem Kreuz. Bei der Eröffnung predigte Bischof *Gerhard Feige*: „Hinter vorgehaltener Hand wurde kritisiert, dass Michael Triegel den Figuren optische Ähnlichkeiten zur eigenen Familie gegeben hat. In der Tat: Es sind keine idealisierten Körperhüllen, sondern der Künstler hat jene gemalt, die er selbst aus tiefstem Herzen liebt." Hier reiht sich Triegel ein in die lange Reihe jener Künstler, die ihre Frauen modeln ließen, wenn sie im Auftrag der Kirche zu schnitzen hatten wie etwa *Tilman Riemenschneider*.

Sind Triegels Bilder nur vor christlichem Hintergrund zu verstehen? Auf einem Stillleben ist der Schädel einer Kuh zu sehen und der Körper einer halben Katze, die in eine Holzkiste zu beißen scheint. Neben der Kiste liegen drei Äpfel, davor je eine blühende und knospende Pfingstrose in Rosa. Eine Rötelzeichnung zeigt eine dem Betrachter zugewandte, nur halb bekleidete, sitzende Figur, die an die Kiste vor einer hellen beigefarbenen Wand angenagelt ist. Soll man beim Anblick der Pfingstrose an das „Paradiesgärtlein" denken? An jenes Bild, das um 1410 von unbekannter Hand am Oberrhein entstand? Heute hängt es im Städel in Frankfurt. Oder sollte man lieber von der „Marienblume" sprechen? Niemand wird angesichts der Äpfel an die drei Töchter denken, die der von *Tintoretto* (1518–1594) gemalte heilige *Nikolaus* der Legende nach mit

Nocturnus
Michael Triegel, 1998 VG Bild-Kunst, Bonn 2017

KULTUR

drei goldenen Äpfeln aus der Prostitution befreite.

Die Form des Stilllebens scheint gewahrt. Die Gedanken sprengen die Form so wie die halbe Katze, deren Wirbelsäule durchtrennt wurde. Damit lässt sich keine Werbung machen. Von wegen „Katzen gehen immer und machen jeden noch so harten Mann zu einem Weichei". Die Katze des Malers Triegel geht dem Betrachter völlig gegen den Strich – wie der Tod. Das ist genial.

Die Beschäftigung mit dem Tod ist bereits die intensive zuweilen philosophische Auseinandersetzung des Menschen mit den Fragen des Lebens. Jede Frucht vergeht mit der Zeit, wenn sie zu lange in der Sonne liegt. Harte Pfirsiche werden allerdings erst wirklich zu einer süßen Frucht, wenn man sie reifen lässt. Der abgehetzte Mensch von heute kennt diese Muße kaum. Deshalb werden die meisten Bananen in Deutschland unreif verspeist. Erst wenn die Schale fast schwarz ist, sollte man sie essen. Aber wer tut das schon?

Auch Werke der Kunst müssen reifen. Erst kommt die Idee, dann landet sie auf dem Papier, später auf der Leinwand und irgendwann beim Betrachter. Wie Bilder als Malerei oder Film gesehen werden, erfordert auf beiden Seiten genaue Wahrnehmung. In jeden Roman muss man sich einlesen. Gut' Ding will Weile haben. Vor allem dann, wenn Kerze und Herz die berühmten Worte des *Augustinus* (354–430) hinzugefügt werden: „Unruhig ist unser Herz, bis es ruht in dir, o Herr." Der Künstler macht sich die Weisheit des Bischofs zu eigen. Jede menschliche Erkenntnis geht letztlich auf göttliche Erleuchtung zurück. Die Bildsprache indes tönt anders. Sie zeigt nicht eines der süßlichen Herz-Jesu Bilder aus dem 19. Jahrhundert. Zu sehen ist ein Funktionselement des menschlichen Körpers, das ein Chirurg, ein Pathologe, aus dem toten Körper eines Menschen herausgeschnitten hat. Jede fromme Anmutung muss dem Betrachter völlig fehl am Platze vorkommen. Da hilft nur Augustinus: „Wo das Wissen aufhört, fängt der Glaube an." Oder humorvoll: „Der Tod lächelt uns alle an, das Einzige, das man tun kann, ist zurückzulächeln!" Vor diesem Hintergrund kann das sezierte Herz nicht erschüttern. Ein gläubiger Mensch ist mit Tod und Leben vertraut. Er glaubt an die Leib-Seele-Einheit des Menschen. Paradoxerweise ist die Kerze auch als Relikt vergangener Zeiten zu lesen, das bis in die Ewigkeit reicht. Denn wo, wenn nicht in der christlichen Liturgie, finden sich Kerzen. Sie brennen bei Taufen, Hochzeiten und Beerdigungen. Das Herz steht in diesem Bild für den Fortschritt der Naturwissenschaften, vor allem der Medizin, die aber auch keine andere Botschaft für den Menschen bereithält, als dass er ein vergängliches Wesen ist. Auf dem Ölbild brennt die Kerze länger als jedes menschliche Leben.

> Seit Ostern 2014 ist Michael Triegel Katholik. Stellen seine Bilder nun keine Fragen mehr? Wohl kaum.

Triegel liebt das Paradoxon. Und er ist ein gelehrter Maler. Er hat nicht nur die Selbstporträts *Albrecht Dürers* in der Alten Pinakothek in München studiert. Zum 80. Geburtstag von *Werner Tübke* hat er mit diesem ausgestellt und eines von dessen Selbstporträts zitiert. In der Reihe dieser Künstler sieht sich Triegel. Aber er schlägt immer wieder Haken. Er bleibt nicht ruhig sitzen wie der Feldhase auf Dürers Aquarell von 1502.

In seiner Acrylmalerei „Nacht" erzählt Triegel vielleicht einen Krimi, von dem man noch nicht wissen kann, wie er ausgeht. Oder stimmt er ein Adventslied an? „Maria durch ein' Dornwald ging, der hat in sieben Jahr' kein Laub getragen. Jesus und Maria." Tatsächlich tragen die Bäume keine Blätter mehr. Auch sind die Gesichter der Menschen verborgen. Das Bild ist 2006 entstanden. Hat der Maler sich da schon mit christlichem Liedgut auseinandergesetzt? Was ist mit der „Grablegung Jesu"? Hat Triegel 1995 in der Bibel gelesen? Oder hat er sich mit der Bildfindung aus der Tradition der großen Museen auseinandergesetzt?

Sicherlich gilt das für seine „Kreuzigung" von 2001. Franziskaner knien links und rechts vom Kreuz. Die Gesichter verschwinden auch hier unter den braunen Kapuzen ihrer Kutten. Auch auf diesem Bild brennt eine Kerze ewig. Geburt und Tod Jesu finden sich in dieser Komposition genauso wieder wie die Auferstehung, die durch das verhüllte Antlitz Jesu angedeutet wird. Wer Dinge verhüllt, macht sie geheimnisvoller. Wieder spielt eine einfache Holzkiste eine wichtige Rolle. Sie dient als Tisch für die Eucharistie, sie lässt aber auch daran denken, dass jeder Mensch irgendwann in einer etwas größeren Holzkiste landen wird. Auf diesem Bild ist die Kiste eine Krippe, allerdings auf Kipp gestellt.

Elemente wie Kiste, Kerze, Kutte und Katze können in ihrer Bedeutung variieren. Es braucht Zeit und Geduld. Ein Schädel, der in eine brennende Kerze schaut, wird möglicherweise das Licht Gottes schauen. Oder nicht? Ist das Kreuz aus zwei Halmen mit seinen Ähren auf der Schädeldecke nicht eindeutig? Ist es ein Unterschied, wenn man auf dieses Bild als gläubiger oder als ungläubiger Mensch schaut?

Henning Mankell bekennt in seinem letzten Buch „Treibsand – Was es heißt, ein Mensch zu sein": „Ich respektiere Menschen, die an ein Leben nach dem Tod glauben. Aber ich verstehe sie nicht. Mir kommt die Religion wie eine Entschuldigung dafür vor, dass man die Grundbedingung des Lebens nicht akzeptiert. Hier und jetzt, mehr ist es nicht. Darin liegt das Einzigartige unseres Lebens, das Wunderbare." Ein schöner Schluss. Oder? „In meinem ersten Buch, das ich 1973 schrieb, findet sich ein Satz, der besagt, dass man ins Meer spucken und damit all die Ewigkeit erobern kann, die man braucht. Das denke ich auch heute noch, nach über vierzig Jahren."

Von Anfang an hat mich das Bild zweier Ordensleute am meisten angesprochen. Eine Ordensfrau und ein Ordensmann oder ein Kleriker scheinen sich, obwohl doch offenbar nicht mehr von dieser Welt, gut zu unterhalten. Ich stelle mir vor, wie sie miteinander einen Sparziergang im Himmel machen. Das feierliche Rot im Hintergrund könnte neben den mit Perlen besetzten Heiligenscheinen auf die Ursache ihres Todes hinweisen. Vermutlich war es ein Martyrium. Die Idee der *communio sanctorum* ist hier aufs Trefflichste ins Bild gesetzt. Worüber werden die beiden sprechen, wenn sie in der Ewigkeit leben? Offenbar geht ihnen der Gesprächsstoff nicht aus. ∎